제45대 미국 대통령

# 트럼프 리더십

유한준 지음

# 실수를 두려워 마라

# Don't be afraid of mistakes

# 머리말

### 거침없이 말하는 '거래의 명수'
### 도널드 트럼프 미국 대통령 스토리

도널드 트럼프는 지금 미국의 제45대 대통령으로 '더 강한 미국 만들기'에 열정을 쏟고 있습니다. 그는 2016년 11월 8일 실시된 미국 제45대 대통령 선거에서 민주당의 힐러리 클린턴 후보를 누르고 대통령에 당선되는 영광을 차지하였습니다.

대통령 후보로 경선 중에 거침없이 불쑥불쑥 말한다 하여 '막말 지도자'라는 오명을 받았던 그는 여론조사와 일반의 예상을 뒤엎고 백악관의 주인공으로 우뚝 선 행운아입니다.

미국 역대 사상 만 70세의 최고령 대통령 당선자이자 부동산 갑부로 대통령에 당선되는 새 기록을 세운 트럼프는 미국의 최대 도시 뉴욕 맨해튼 이스트리버 동쪽 건너편 퀸즈에서 1946년 6월 14일 태어났습니다.

독일 이민계의 손자인 그는 아버지의 사업이 성공하여 넉넉한 집안에서 이른바 금수저를 물고 태어나 일반 중학교를 다니다가 뉴욕 군사학교를 다녔고, 포덤대학교에 입학하여 2년간 경제학을 공부한 뒤, 펜실베이니아대학교 와튼 스쿨로 편입학하여 경제학 학사를 받았습니다.

두 번 이혼하고 세 번째 결혼한 부인과 살고 있는 그는 전처 2명과 현재 부인 사이에 모두 3남 2녀를 두었으며 며느리와 사위, 친손자와 외손자 등 8명의 손자 손녀를 두었습니다.

트럼프는 어린 시절부터 승리욕이 무척 강했다고 합니다. 그런 성격의 주인공이 미국 대선에서 허리케인 같은 엄청난 돌풍을 일으키며 백악관에 입성했습니다.

공화당의 후보 도널드 트럼프는 대선 기간 중에 선두 주자였던 힐러리에게 여론조사에서 계속 밀렸지만, 정국을 예측 불허의 요지경 속으로 몰아넣으면서 아메리카 대륙을 송두리째 흔들어 놓고 대통령에 당선되었습니다.

그의 당선에 "미국이 놀라고 세계가 경탄하였다. 앵그리 화이트(성난 백인들)가 미국을 뒤엎었다."라고 언론들이 평가하였습니다.

뉴욕의 중심 맨해튼의 월가에서 '부동산 업계의 최고 스타'로 떠오른 트럼프, 아무도 예상하지 못했던 그의 대통령 꿈, 정치와는 거리가 한참 멀었던 것처럼 여겨졌던 부동산 거부(巨富)가 난데없이 나타나 미국 대통령이 된 뒤 "더 강한 미국을 만들겠다."라고 큰소리치면서 뚜벅뚜벅 걸어가고 있습니다.

그는 미국 역대 대통령 선거 사상 새로운 기록들을 날마다 쏟아내고 백악관의 주인공이 되어 미국을 넘어 세계를 향해 새로운 리더십을 발휘하는 힘찬 시동을 걸었습니다. 미국 대통령은 아메리카합중국 미국만의 대통령이 아니라 세계의 대통령과 같은 막강한 영향력을 지니고 있기 때문에 세계의 주목을 받고 있는 것입니다.

저돌적인 뚝심, 굽힘 없는 도전 정신, 탁월한 리더십, 기발한 아이디어로 미국 대통령에 당선된 도널드 트럼프의 당당한 성공 신화를 통해 꿈과 슬기를 키워가기 바랍니다.

유한준

# 목 차
CONTENTS

# 도널드 트럼프 Donald John Trump

- 출생  1946년 6월 14일, 미국 뉴욕
- 직업  기업인
- 혈액형  A형
- 배우자  멜라니아 트럼프
- 가족 사항  전처 2명과 현재 부인 멜라니아 사이에
    3남 2녀, 며느리와 사위, 손자 손녀 8명
    (친손자 5명, 외손자 3명)
- 학력  뉴욕군사학교 졸업
    포덤대학교 경제학과 2학년 수료
    펜실베이니아대학교 와튼 스쿨 편입학 졸업
    (경제학 학사)
- 주요 경력

  * 트럼프 기업 설립, 회장
  * TV 쇼 프로그램 '셀레브러티 어프렌티스' 진행
  * 2000년 개혁당 대통령 후보 출마 중도 포기
  * 2016년 미국 제45대 대통령 공화당 후보
  * 2016년 11월 8일 대통령 당선
  * 2017년 1월 20일 취임(임기 4년)

- 저서 :《부자가 되는 법》,《거래의 기술》등

# CHAPTER
# 01

# 도전과 성공

LEADERSHIP

# 01 PART
## 앵그리 화이트의 우상

### 트럼프 대통령의 일성…"미국은 잠재력 많은 나라" 강조

미국은 지금 새 역사를 펼치고 있다. 제45대 미국 대통령으로 당선된 도널드 트럼프가 오바마의 민주당 정권을 공화당 정부로 바꾸고 "메이크 아메리카 그레이트 어게인(Make America Great Again! : 미국을 다시 위대하게!)"이라는 기치 아래 새 바람을 일으키고 있는 것이다. 그는 2016년 11월 8일 대통령에 당선되고 2017년 1월 20일부터 미국을 통치하고 있다.

트럼프는 미국 뉴욕 시 힐튼호텔에서 제45대 미국 대통령 당선 소감을 통해 "초강대국을 더욱 강한 나라, 위대한 미국으로 뜯어고치겠다."라고 천명하고 새로운 역사 창조에 열정을 쏟고 있다.

그는 대통령으로서의 첫 마디로 "모든 미국인을 위한 대통령이 되겠다. 미국은 엄청난 잠재력이 있고 저는 미국을 누구보다 잘 알고 있다. 미국은 이제 상처와 갈등을 치유하고 모두가 힘을 합쳐야 할 때이다. 힘을 모아 도시와 학교와 공항을 다시 지을 것이다. 미국의 인프라를 재건할 것”이라고 선언했다.

이와 함께 트럼프는 국제사회에 대해서도 “미국과 뜻을 함께하는 국가들은 같은 길을 가야 할 것이며, 모든 국가와 더 나은 관계를 구축할 수 있을 것으로 확신한다. 특히 한국과는 100% 함께 갈 것이다.”라고 역설하였다.

트럼프는 “클린턴 전 장관으로부터 전화를 받았다. 클린턴 후보는 저와 저를 지지해준 유권자들에게 대해 승리를 축하한다고 전했다. 클린턴과 클린턴 가족들에게 긴 선거 여정을 했던 것에 대해 축하를 전했다.”라고 말했다.

“미국의 새로운 시대”를 강력하게 주창한 트럼프는 당선 소감을 밝히는 자리에서 미국의 잠재력을 언급하면서 건설 정책에 대한 비전을 제시했다.

트럼프 대통령은 미국 대선 사상 최대 이변을 엮어냈다. 대통령 당선되기 하루 전날까지만 해도 미국 언론과 여론은 대부분 힐러리 클린턴의 당선 가능성을 전망하였다. 하지만 트럼프는 이런 전망을 보기 좋게 뒤엎었다. “나도 놀랐다! 그러나 당연한 결과다!”라고 그는 말했다.

반면, “유리 천장을 깨겠다.”라고 장담했던 힐러리, 당연히 승

| 당선 연설하는 트럼프

리할 줄 알았던 힐러리는 유리 천장을 깨뜨리지 못하고 트럼프에게 당선 축하 전화를 걸었다.

"유리 천장을 깨겠다."라는 말의 뜻은 미국 사회에 존재하는 가장 강력한 유리 천장이라는 말이지만, 사실은 보이지 않는 여성 차별을 빗댄 명언을 되풀이 강조한 것이다.

### 트럼프 '대통령 당선 수락 연설' 요약

모든 미국인을 위한 대통령이 되겠다. 이것이야말로 가장 중요한 사명이라고 생각한다. 미국은 이제 분열의 상처를 묶고 단합해야 한다. 새로운 시대를 맞아 저는 모두 힘을 합쳐야 할 때라고 생각한다. 상처와 갈등을 치유하고 한군데로 힘을 합쳐야 한다. 힘을 모아 낙후된 도심 지역을 개발하고 고속도로와 교량, 터널, 공항, 학교, 병원 등을 새로 건설하며, 미국 경제를 재건할 것이다. 이 자리에서 약속드리겠다.

전 세계에 대해 말하고 싶다. 우리는 항상 미국의 이익을 최우선으로 하겠지만, 모든 국가를 공정하게 대할 것이다. 적대감보다는 공통점을, 갈등보다는 파트너십을 모색할 것이다. 미국과 뜻을 함께 하는 국가들은 같은 길을 가야 할 것이며, 모든 국가들과 더 나은 관계를 구축할 수 있을 것으로 확신한다. 또 전 세계 국가들과의 협력도 이어갈 것이며, 갈등과 분열을 청산하기 위해 노력할 것이다.

유권자 중 저를 지지하지 않은 사람도 있을 것이다. 저를 지지했던, 하지 않았든 간에 저는 모두에게 화해의 손을 내밀고자 한다. 모든 사람의 말을 경청하는 대통령이 되겠다. 인종과 종교 등 모든 분야를 아우르겠다. 우선 산적한 현안을 해결하고 미국을 부강한 국가로 재건하고 아메리칸 드림을 실현해 나아갈 것이다.

저는 오랫동안 기업가로 살아왔다. 기업가로 살면서 미국이 얼마나 잠재력 많은 나라인지 몸소 확인해 왔다. 저는 누구보다 미국을 잘 알고 있다. 분명히 미국은 엄청난 잠재력이 있다. 모든 사람이 동경하는 미국을 만들겠다. 사회에서 소외된 분들도 이제 더 이상 뒤처지지 않도록 노력할 것이다. 그리고 미국의 인프라를 재건할 것이며, 건설 프로젝트로 수백만 일자리를 확보할 것이다. 경제적으로 강력한 국가를 만들고, GDP 성장률을 높일 것이다.

힐러리 클린턴 장관으로부터 전화를 받았다. 클린턴 후보가 승리를 축해 주었으며, 저 또한 클린턴과 클린턴 가족들에게 긴 선거 여정을 함께한 것에 대해 축하의 말을 전했다. 그동안 미국을 위해 노력해 준 클린턴에게 감사의 말을 다시 전한다.

부모님께도 감사의 말을 드린다. 가족이 없었다면 이 자리에 설 수 없었을 것이다. 아내 멜라니아와 이방카, 제 자식들 티파니와 에릭에게도 감사의 마음을 전한다.

## '앵그리 화이트' 미국을 뒤엎다

도널드 트럼프 공화당 대선 후보의 제45대 미국 대통령 당선은 주요 지지층인 '앵그리 화이트(angry white : 성난 백인들)'의 힘이 좌우했다는 분석이 나왔다. 미국 일간지 워싱턴 포스트는 "세계화와 미국의 다문화 현상 때문에 자신들의 목소리가 줄어들자 분노한 '앵그리 화이트'가 트럼프의 승리를 이끌었다."라고 보도했다.

앵그리 화이트는 미국 정치권에서 쓰이는 용어로, 1990년대 초반 미국에서 차별받는 소수 인종을 위한 우대 정책에 불만을 품고 극우적 정치 성향을 형성한 백인 남성 계층을 일컫는 말이다.

CNN 출구조사에 따르면 전체 유권자의 70%를 차지하는 백인 중 58%가 트럼프를 찍었다. 이번 대선에서 인종별 유권자 비율은 백인 69%, 흑인 12%, 히스패닉 11% 등으로 추정된다.

워싱턴포스트는 "러스트 벨트(쇠락한 북동부 공업지대)의 시민들을 중심으로 화가 난 오하이오, 펜실베이니아, 위스콘신의 저학력 앵그리 화이트 계층이 트럼프 당선의 주역이다."라고 보도했다.

미시간과 펜실베이니아, 오하이오 등의 경합 주는 앵그리 화이트 계층이 많은 지역으로 꼽히고 있다. 이 같은 결과는 트럼프가 남긴 "당신들의 자동차 산업을 멕시코가 빼앗아 갔다. 그걸 내가 되돌려 주마."라는 공약 메시지에 그간 민주당이 우세했던 러스트 벨트의 시민들의 표심이 움직였던 것이 큰 영향을 미쳤다는 분석이다.

2008년 금융 위기로 양극화와 러스트 벨트 지역의 일자리가 감소되면서 중산층이 붕괴되었다. 이에 분노한 백인 저소득층들이 트럼프에 지지표를 던졌다.

특히 백인들의 파워는 플로리다 주에서 나타났다. '미국의 주인은 백인'이라는 인종 차별적 생각 아래 결집된 백인들의 공감대가 플로리다 주에서 만연하게 퍼지며 트럼프는 해당 지역에서 클린턴에게 10만 여 표를 앞서며 승리의 축배를 들었다.

히스패닉 등 소수 인종이 미국의 주도 세력으로 부상하고 있는 것에 대한 거부감이 앵그리 화이트들을 결집하게 만든 가장 큰 이유 중 하나라고 워싱턴 포스트는 분석했다.

그동안 트럼프는 '미국 우선주의'와 '고립주의 외교' 정책 등을 내세웠다. 트럼프는 승리 연설에서도 자신의 핵심 지지층인 '앵그리 화이트'를 의식한 발언을 빼놓지 않았다. 그는 이 자리에서 건설을 통한 인프라 재건과 고용 창출을 분명하게 약속했다.

### "한국과 100% 함께 간다." ······ 당선 축하 전화에 화답

미국 도널드 트럼프는 대통령에 당선된 다음 날 대한민국 대통령의 축하 전화를 받고 "한미 동맹은 굳건하다."라는 입장을 재천명했다.

청와대에 따르면 우리나라 대통령은 트럼프 당선인과의 통화에서 "당선을 축하하면서 한미 동맹 관계는 지난 60여 년간 도전에 함께 맞서며 신뢰를 쌓아 왔고, 아태 지역 평화 번영의 초석이 되어온바 앞으로도 공동의 이익을 위해서 동맹 관계를 강화·발전시켜 나가기를 기대한다."라고 했다.

트럼프 당선인은 이에 대해 "100% 동의한다."라고 화답했다.

한국 대통령은 이어 "북핵 문제는 현재 한미가 직면한 가장 큰 위협이다. 미국 행정부 교체기에 북한의 도발 전례를 감안했을 때 앞으로 수개월간 북한 도발 가능성을 철저히 억제해야 한다. 도발할 경우에는 단호하게 대응할 수 있도록 사전 긴밀히 협력해야 한다. 가까운 시일 안에 한국을 방문해 주기를 희망한다."라고 강조했다.

이에 트럼프 당선인은 "만나 뵙기를 고대한다."라며 공감을 표시하면서 "미국과 한국을 방어하기 위해 굳건하고 강력한 방위 태세를 유지할 것이다. 흔들리지 않고 한국과 미국의 안전을 위해 끝까지 함께할 것이다. 한국인은 판타스틱 피플(한국인들은 좋은 사람들)"이라고 밝혔다.

Point

# 미국 대통령 대수(代數)

　미국 대통령 대수는 임기 수를 기준으로 삼지 않고 당선된 사람 수를 기준으로 삼고 있다. 따라서 재선 이상을 역임한 대통령도 첫 임기를 기준으로 제 몇 대 대통령이라고 대수로 계산한다. 재선한 오바마 대통령은 제44대로 기록되었고, 오바마의 뒤를 이은 트럼프는 45번째 미국 대통령이다.

　예를 들어 미국 역대 대통령 가운데 최초로 3선을 역임하고 4선에 당선되어 대통령으로 재임 중에 뇌일혈로 사망한 프랭클린 루스벨트 대통령도 4선과 관계없이 처음 취임한 제32대 대통령으로 기록되어 있다.

# 02 PART
## 저력의 트럼프 대통령

### 성실과 진정이 통했다

"분노한 백인 민심의 반란이 벌어지고, 막말의 명수 트럼프를 대통령으로 선택했다."

미국 언론들이 분석처럼 트럼프 대통령의 성공 스토리는 한마디로 젊은 백인들이 8년 동안 백악관을 장악했던 민주당 정권에 등을 돌린 것이다. 또 4년을 더 집권하는 것을 거부하였고, 여성 대통령도 원하지 않았다.

트럼프는 저학력 백인 남성들의 좌절과 울분을 정확하게 꿰뚫어 보았고 그들의 마음을 읽었다. 분노하는 다수의 백인들을 겨냥했다. 히스패닉, 흑인 등 소수 인종에 밀려 백인들이 느끼는 불안과 울분 속으로 과감하게 파고들어 승리를 거두고 백악관으로 들어가는 데 성공하였다.

| 러스트 벨트(rust belt)

　트럼프를 대통령으로 만든 일등공신은 러스트 벨트라고 불리는 쇠락한 공업지대의 대약진이었다. 힐러리에게 줄곧 뒤졌던 오하이오, 펜실베이니아, 위스콘신, 미시간 등에서 반전의 승리를 거두면서 힐러리의 기세를 꺾어 버렸다.

　러스트 벨트는 본래 민주당 지지 세력이 강한 지역이었다. 그러나 자유무역협정(FTA) 등으로 인해 피해를 당하고 일자리를 빼앗겼다고 분노하는 백인들이 다수 몰려 있는 곳이다. 이를 트럼프가 승부처로 삼고 공략한 것이다.

　분노한 백인 노동자들에게 호소한 트럼프의 일관된 전략에 러스트 벨트들이 몰표를 던졌다. 그에 힘을 얻은 트럼프는 대선 유세 기간 내내 온갖 스캔들에 시달리면서도 오뚝이 정신으로 굴하지 않고 버티면서 일어섰다.

"트럼프는 반란을 선동하고 이끈 사람"이라는 오해와 편견에 시달렸다. 하지만 그는 미국의 건국한 초대 대통령 조지 워싱턴의 투철한 독립정신과 영국에 대한 강인한 반란군 사령관의 기질을 유감없이 재현하면서 대선을 승리로 장식하였다.

미국인들은 그런 트럼프를 보면서 "현실 문제에 맞서 싸우는 사람, 어려움을 이길 수 있는 지도자, 용기와 강력한 생존 본능을 지닌 인물"로 높이 평가한 것이다. 미국의 분노한 백인들은 "미국을 다시 위대하게 만들겠다.", "일자리를 만들어 주겠다."라는 그의 독특한 외침에 귀를 기울이고, 그의 소통 방식을 받아들였으며 그의 막말 시리즈 속에서 진정을 발견한 것이다.

## 트럼프의 5대 성공 화법

### 첫째, 아웃사이더가 되어라

트럼프는 남의 당이었던 공화당으로 들어가 16명이 경합한 경선 후보자들을 다 물리치고 당을 장악했다. 그리고 그 당을 통해 막강한 민주당과 힐러리 클린턴 후보를 무너뜨렸다. 민주당과 공화당의 대결, 그리고 양당의 쟁쟁한 후보자를 모두 깨뜨릴 수 있었던 것은 바로 그가 아웃사이더, 비주류였기 때문이다.

돈과 인력, 미디어를 장악한 클린턴에 맞서야 했던 트럼프는 선거 자금이 클린턴의 절반에 불과했으며 인력도 부족했고 미디어로부터 시종일관 조롱을 당하기도 했다. 그것은 골리앗과 다윗의 싸움이었다.

그런데도 그가 승리할 수 있었던 것은 철저히 다윗으로 행동했기 때문이다. 거대한 기득권 세력에 맞서는 외로운 투사의 이미지, 그것이 바로 저력의 트럼프였다.

### 둘째, 일관성을 유지하라

트럼프는 선거 내내 자기가 하고 싶은 말을 했다. 실언과 폭로로 지지율이 폭락해도 아랑곳하지 않은 그는 본래의 그다운 태도를 한 번도 버리지 않았다. 이런 점에서 트럼프는 샌더스를 닮았다. 샌더스 역시 오직 한 가지 말만 했다. 불평등 해소. 그로서는 40년 동안 반복하던 것이었으므로 선거 때라고 해서 달라질 것도 없었다.

트럼프는 "미국을 다시 위대하게"라고 반복했다. 미국 시민은 그 말을 듣고 싶어 했고 그는 오직 그 말만 했다. 그걸 어떻게 할지는 말하지 않았다. 선거 기간 그는 망나니처럼 행동하기도 했다. 당내 경선에서 루비오 후보가 트럼프의 손이 작은 점을 지적하였다.

이에 대해 트럼프는 이렇게 응대했다. "손이 작으면, 하는 일도 틀림없이 작을 거라는 뜻이겠지. 내가 장담하건대, 전혀 문제가 없어." 그는 넘지 말아야 할 벽을 넘나들고 마침내 대통령에 당선되었다.

### 셋째, 자신의 장점을 살려라

트럼프는 인종 차별, 여성 혐오, 소수자 무시의 악덕을 다 드러내면서도 승리했다. 그러나 미국 시민은 오직 미국의 재건이라는 구호 하나에 집중하고 열광했다.

그의 악덕은 '미국을 더 강한 나라로 만들겠다'는 구호 하나밖에 없는 것처럼 단순함을 부각시키는 것이 되었다. 보통 사람들은 하나의 장점, 이점이 뚜렷하면 나머지 허물은 눈감아 주는 관용의 미덕이 있다. 자신의 약점을 감추는 방법은 자신의 강점, 매력을 부각시키는 것이다.

### 넷째, 열정으로 웅변하라

트럼프는 미국인의 분노를 대변했고, 분노한 이들의 열정에 불을 당겨주었다. 미국 시민은 샌더스와 트럼프에게 열광했다. 트럼프를 대통령으로 선택한 것은 확실히 이변을 낳은 사건이다. 미국 대선은 어떻게 보면 전례 없는 선거가 아니라, 매우 익숙한 선거이다. 트럼프는 다수의 불안한 노동자 계급을 효과적이고 스펙터클하게 대변했고 성공했다. 미국의 제45대 대선은 계급 선거의 부활이라는 말까지 나왔다.

### 다섯째, 포퓰리스트가 되어라

샌더스나 트럼프는 일종의 포퓰리스트였다. 지나친 포퓰리즘은 문제이지만, 대선은 그런 측면이 어느 정도는 불가피하다. 무책임한 선동 정치는 피해야 하지만, 어느 정도의 포퓰리즘은 필요악이다. 그것은 대중과 소통하는 능력을 시험하는 것이기도 하기 때문이다.

### 트럼프 "연봉 1달러만 받겠다"

트럼프는 대통령에 당선된 후 첫 TV 인터뷰에서 "연봉 1달러(약 1,200원)만 받고 대통령직을 수행하겠다."라고 밝혔다.

미국 CBS 방송 '60분 인터뷰'에서 "나는 1년에 1달러만 가져갈 것"이라면서 "대통령 연봉이 얼마인지조차 모르지만 그것을 받지 않을 것"이라고 말했다. 미국 대통령 연봉은 2001년 이후 40만 달러(약 4억 7,000만 원)를 유지하고 있다.

트럼프는 무슬림과 히스패닉 등 소수 인종에 대한 증오 범죄가 증가하고 있는 데 대해 "그 소식을 듣고 슬퍼졌다. 그러한 행위를 중단하라."고 촉구했다.

그는 200만~300만 명으로 추정되는 범죄자 우선 추방 등 이민 공약의 단계적 실천 방안도 공개했다.

"우리가 할 것은 약 200만 명, 심지어 300만 명에 달할 수도 있는 범죄자, 범죄 기록 보유자, 범죄 집단 조직원, 마약 거래상들을 이 나라에서 내쫓거나 감옥에 보내는 것이다. 우리는 미국에 불법적으로 와 있는 그들을 추방할 것"이라고 밝혔다.

## 독일 이민자의 손자

도널드 트럼프는 이민자의 후손이다. 1946년 독일계인 아버지 프레드 트럼프와 스코틀랜드 태생인 어머니 매리 애니 사이에서 3남 2녀 중 차남으로 태어났다.

그의 아버지는 뉴욕에서 자수성가한 부동산 개발업자다. 자식들에게 공사장에 떨어진 못이 있으면 주우라고 할 정도로 검소하고 철저했다. 그는 트럼프에게 '인생은 경쟁'이라고 가르쳤다. 경쟁에서 이겨야만 살아남는다는 승부사 DNA가 트럼프에게 각인됐다.

트럼프는 "내게 가장 큰 영향을 준 사람은 아버지"라고 말한다. 어린 시절 트럼프는 문제아였다. 초등학교 2학년 때 음악 교사를 때려 눈을 멍들게 한 일도 있었다. 말썽을 부려 교사에게 불려 가기 일쑤였다. 어려서부터 지고는 못 사는 성격이었다. 초등학교 친구들은 트럼프가 축구 경기에서 매우 공격적이었다고 기억한다.

트럼프의 부모는 13세의 트럼프를 사립 기숙학교인 뉴욕군사학교에 입학시켰다. 규율과 남성다움을 강조하는 군사학교 문화가 사춘기의 트럼프를 지배했다.

그는 이어 뉴욕의 포덤대학에 진학해 2년을 다닌 후 아이비리그에 속한 펜실베이니아대학교 와튼스쿨로 편입해 경제학을 전공했다.

대학을 마친 트럼프는 아버지처럼 부동산 개발업에 뛰어들었다. 하지만 브루클린과 퀸즈 일대에 중산층과 서민용 임대주택을 지었던 아버지와는 스케일이 달랐다. 트럼프는 맨해튼에 뛰어들었다. 종잣돈이 있었다. 아버지로부터 받은 100만 달러(현재 가치 680만 달러, 78억 원)였다. 당시 뉴욕은 불황이었다. 거리엔 노숙자가 넘쳐났다. 트럼프의 눈에는 기회였다.

28세의 트럼프는 맨해튼 한가운데인 그랜드 센트럴 역 인근의 코모도 호텔 재개발을 선택했다. 뉴요커들은 20대 젊은이의 무모한 도전이라고 비아냥거렸다. 자금은 턱없이 부족했다. 그의 수완이 빛을 발했다. 호텔 하얏트와 손을 잡고 은행에서 융자를 받았다.

뉴욕 시로부터 40년간 재산세 면제라는 유례 없는 지원을 이끌어냈다. 수천만 달러를 절약한 셈이었다. 1980년 재개장한 호텔은 대성공이었다. 그는 일약 뉴욕 부동산 업계의 스타로 떠올랐다. 그의 나이 34세였다.

곧이어 5번가에 센트럴파크가 내려다보이는 68층짜리 호화 주상복합 빌딩인 트럼프 타워를 세웠다. 아파트는 불티나게 팔려나갔다. 트럼프 타워는 그의 본거지가 됐다.

## 맨해튼의 부동산 거부

뉴욕의 최고 번화가 맨해튼은 트럼프에게 행운을 안겨준 곳이다. 트럼프는 맨해튼 곳곳에 자신의 이름이 붙은 초고층 빌딩을 올리며 맨해튼의 스카이라인을 바꿔나갔다. 뉴욕의 굵직한 부동산들이 줄줄이 그의 손을 거쳤다. 사업은 세계 각지로 뻗어갔다. 트럼프는 부동산 제국인 트럼프 그룹을 일궈냈다.

트럼프가 스스로 밝힌 재산 규모는 87억 달러(약 9조 9,000억 원)이다. 일찌감치 자기 스타일로 밀어붙여 이뤄낸 대성공은 트럼프에게 강한 자기 확신을 심어 줬다. 그가 부동산 재벌로 우뚝 설 수 있었던 비결은《거래의 기술》로 집약된다.

트럼프가 시련의 시기였던 1990년대를 헤쳐 나온 과정도 그랬다. 황금알을 낳는 거위를 기대하며 카지노 사업에 무리하게 투자한 것이 화근이었다. 뉴저지 주 애틀랜틱 시티에 세운 트럼프 타지마할 카지노가 망했다. 그의 사업은 4차례의 파산을 겪었다.

그러나 그는 파산법을 이용하고 은행과의 벼랑 끝 협상에서 재기의 기회를 받아내 기사회생했다. 1995년 그가 신고한 손실만 9

억 1,600만 달러(약 1조 원)에 달했다. 이후 18년간 소득세를 면제받은 것도 그가 다시 일어서는 밑천이 됐다. 이 때문에 그는 대선 과정에서 세금을 회피했다는 의혹에 무척 시달렸다.

## 젊은 대중들의 스타

2000년대 트럼프는 대중 속으로 파고들어 높이 날아올랐다. 2004년 NBC 방송의 리얼리티 TV 쇼 '어프렌티스(견습생)'를 진행하면서다. 연봉 25만 달러의 트럼프 계열사 관리자를 채용하는 이 오디션 프로그램에서 트럼프는 참가자들에게 "너는 해고야!(You 're fired!)"라는 독설을 퍼부으며 시청자들을 사로잡았다.

이 방송으로 그는 일약 대중 스타가 된 것이다. 그는 최근까지 미스 USA, 미스유니버스 등 미인대회를 열어 왔다. 그는 부와 명성에 대한 대중의 욕구를 정확하게 꿰뚫어 보았다.

부동산 개발과 TV 출연 과정에서 트럼프는 중요한 역량 하나를 키웠다. '언론 다루기' 수법을 익힌 것이다. 그는 스타와 스토리를 좇는 언론의 속성을 파악했다. 자신에게 비판적인 내용이더라도 기사가 크고 많이 실리면 결국 자신에게 유리한 홍보가 된다는 사실도 명쾌하게 집어냈다.

"언론이 나를 이용하듯이 나도 언론을 이용한다. 일단 주목을 받으면 내게 유리한 방향으로 이용할 수 있다."

그는 저서《불구가 된 미국》에서 이렇게 거침없이 밝혔다. 이러한 언론 활용 기술은 정치 아웃사이더였던 트럼프에게 최고의 무기가 되었다.

트럼프는 하루아침에 정치판에 뛰어들지 않았다. 2000년 개혁당 경선에 출마했다가 포기했고, 2012년엔 공화당 경선을 저울질하다가 불출마했다. 하지만 2013년 100만 달러를 들여 은밀히 대선 성공 가능성을 조사했다. 정치적 야망을 오랫동안 갈고 닦아왔다.

트럼프는 술, 담배, 마약을 하지 않는다. 이런 연유는 8세 위인형의 죽음이 계기였다. 부동산에 관심이 없던 형은 과음으로 43세 젊은 나이에 죽었다.

## 트럼프의 가족들

가족들의 화합은 트럼프의 최대 장점이자 최고의 자산이다. 그의 가족 핏줄은 단순하지 않다. 그러나 혈맥은 만리장성처럼 굳건하고 똘똘 뭉쳐 있다. 그는 3번 결혼했고, 5명의 자녀가 있다.

1977년 체코 출신 모델인 이바나 트럼프와 결혼했으나 자신의 외도 파문이 불거지면서 1992년 이혼했다. 1993년 영화배우 말라 메이플스와 재혼했다가 1999년 갈라섰다.

첫 번째 부인 이바나 트럼프와의 사이에 장남 도널드 주니어,

| 트럼프 가족

차남 에릭 트럼프, 장녀 이방카 트럼프를 낳았다. 두 번째 부인 말
라 메이플스는 차녀 티퍼니 트럼프를 낳았다. 현재의 부인인 멜라
니아 트럼프와는 2005년 결혼했다. 23세 연하인 멜라니아 트럼프
는 3남 배런 트럼프를 낳았다. 맏며느리는 버네사 헤이던, 맏사위
는 재러드 쿠슈너이다.

장남 도널드 트럼프 주니어는 눈매가 아버지를 약간 닮긴 했는
데 차남 에릭 트럼프는 아버지를 빼닮았다. 장녀 이방카 트럼프는
2009년에 결혼했는데 남편 성을 따르지 않았다. 그런 일은 미국
이나 서구권에서는 매우 희귀한 일에 속한다.

장녀는 유명 인사, 파워우먼으로 통한다. 180cm 장신으로 자기 사업도 잘하고 얼굴도 예쁜 미인이다. 얼굴만 예쁜 것이 아니라 성품도 곱고 활달하다는 평가를 받고 있다.

| 장녀 이방카 트럼프

공화당 경선을 치르는 유세장에서는 항상 아버지 옆에서 참모 역할을 성실하게 수행하여 인기를 끌었다. 유세 중에 막말로 치닫는 아버지를 어느 정도 통제하며 신중한 언행으로 보좌해 주었다. 트럼프가 여성에 대해 막말을 하면 철저하게 메모하고 귀담아들었다가 유세가 끝나면 즉시 수정을 한 것도 큰딸의 조언에 따른 것이다.

3남 배런 트럼프는 세 번째 부인인 현재의 아내 멜라니아가 낳은 막내아들이다. 지금 만 10세의 어린이로 아버지와 정확히 예순 살 차이가 난다. 아들이라기보다는 손자 같다. 실제로 큰손자보다 훨씬 어리다. 막내아들은 10세의 어린이로 백악관의 막내 왕자가 된 셈이다.

트럼프의 현재 부인 멜라니아 트럼프는 발칸반도 서북쪽의 작은 나라 슬로베니아 출신의 전직 모델 출신이다. 유럽 여자로서는 눈매가 매우 아름다운 여성이라는 말을 듣고 있다.

멜라니아는 아들 배런을 위해 백악관으로 들어가는 것을 당분

간 연기했다. 이유는 뉴욕 맨해튼의 명문 사립 초등학교 4학년인 막내아들 배런이 학년 도중에 워싱턴 D.C로 전학 가는 것을 어머니인 멜라니아가 원하지 않기 때문에 4학년 과정이 끝나는 6월까지 뉴욕에 남기로 한 것이다.

멜라니아는 지금까지 보모의 도움 없이 막내아들을 키워 왔고, 직접 자동차를 운전하면서 아들의 등하교를 함께 해왔다. 배런이 다니는 사립학교는 연간 4만 달러(약 4,700만 원)의 등록금이 들어가는 학교이다.

그의 자녀들은 부전자전(父傳子傳)의 DNA 법칙을 깨트린 것으로 알려져 화제이다. 먼저 아버지의 막말을 물려받지 않아 매우 겸손하고 성실하며 금욕적이라는 점이다.

워싱턴 포스트는 트럼프의 자녀들을 소개하는 기사를 통해 "아버지와 판이하게 다르다. 트럼프가 과거 〈플레이보이〉 인터뷰에서 '성공한 사람들의 자녀는 대체로 문제가 많다. 그러므로 내 아이들이 성실하게 잘 자랄 가능성은 확률적으로 매우 낮다.'고 했다. 그러나 이런 예상과는 달리 사회활동을 하고 있는 트럼프의 세 자녀는 매우 훌륭하다는 말을 들을 정도"라고 전했다.

이들 5남매는 아버지로부터 성씨와 돈을 물려받았지만, 성품은 물려받지 않았다. 첫 번째 아내와 이혼할 때 3명의 자녀는 15세, 12세, 9세였다. 그들은 "우리 3남매는 외할머니와 살기로 우리끼리 합의했다."라는 성명을 냈던 아이들이었다.

그들의 성명처럼 외가에서 자라면서 엄격한 가정교육을 받아 탈선하기 쉬운 어린 나이에도 성실하고 바르게 자랐다. 체코 출신 어머니는 술과 담배, 방탕한 생활을 멀리하라고 하면서, 특히 에이즈의 위험성을 다룬 기사를 수십 차례나 큰 소리로 읽도록 가르쳤고, 젊은 시절 구두공장 직원으로 일한 외할머니는 근면 검소함을 일깨워 주었다.

## 네 살짜리 외손녀의 한시(漢詩) 재롱

트럼프의 외손녀인 이방카의 딸 애러벨라 쿠슈너가 중국의 한시(漢詩)를 낭송하여 또 다른 화제가 되고 있다. 네 살짜리 어린 손녀가 대통령으로 당선된 외할아버지 품에 안겨 "대통령 할아버지 축하해요!"라면서 중국 당나라 때 낙빈왕의 '영아'와 이신의 '민농' 한시를 읊조리는 동영상이 중국판 트위터에 올라 중원대륙에 울려 퍼졌다.

붉은색 치파오풍 드레스를 입고 트럼프 앞에서 재롱을 부린 애러벨라 쿠슈너는 '민농' 가운데 '서화일당오 한적화하토(鋤禾日當午 汗滴禾下土)' 시구를 읊조렸다. 이는 "논에서 김을 매노라니 한낮의 불볕에 포기마다 구슬땀이 스며드네."라는 뜻이다.

애러벨라는 생후 18개월 때부터 화교 출신의 보모에게서 중국어를 배운 것으로 알려졌다.

## 말 바꾸기의 명수

트럼프는 미국 대통령으로 당선된 뒤 상당 부분 말을 바꾸었다. 대통령 선거 운동 과정에서 내세웠던 핵심 공약의 일부까지도 수정 또는 폐기하려는 움직임을 보이고 있다.

대선 기간 '거짓말쟁이(Liar)', '활기가 없는(Low energy) 사람' 등의 말을 많이 들었다. 트럼프의 막말로 마음의 상처를 입은 점잖은 상대방들은 당혹감을 감추지 못했다.

그의 특기는 면전에서 '상대방 모욕 주기', 상대와 주제를 가리지 않고 공격하는 '모두 까기 인형', '상대 발언 깎아내리기'와 '상대 발언 잘라먹기' 등이다.

그는 "뉴욕타임스가 '트럼프 현상'에 대해 매우 형편없고 부정확한 보도 때문에 수천 명의 독자를 잃고 있으며 나에 대한 그동안의 나쁜 보도와 관련해 독자들에게 사과하는 편지를 보냈다. 앞으로 바뀔지 궁금하다. 과연 그럴까?"라고 꼬집었다.

## 한·일 핵무장 용인, 말한 적 없다

트럼프는 "내가 대선 기간 중에 더 많은 나라가 핵무기를 보유해야 한다고 생각한다고 뉴욕타임스가 보도했는데 그들은 정말

정직하지 않다. 또 한국과 일본이 핵무장 하는 것을 용인할 수 있다고 썼는데 나는 그런 말 한 적이 없다."라고 밝혔다.

트럼프는 선거 운동 과정에 타임과 CNN, 폭스뉴스 등과의 인터뷰에서 북한과 일본을 포함한 많은 나라가 핵무기를 보유해야 한다고 밝혔다는 보도를 했었다. 그러나 트럼프는 "한·일 핵무장 용인을 말한 적이 없다."라고 부인했다.

그는 선거 과정에서 "한국과 일본의 핵무장을 용인할 수 있다."라는 견해를 밝히면서 "솔직히 이제는 정책을 바꿔야 할 때"라고 말한 바 있다. "북한도, 파키스탄도, 중국도 이미 핵무기를 갖고 있으며 이란도 10년 이내에 핵무기를 가질 것이다. 일정 시점에서 일본과 한국이 북한의 '미치광이'에 맞서 자신들을 스스로 보호할 수 있다면 미국의 형편이 더 나아질 것"이라고 주장하는 등 사실상 '한·일 핵무장을 허용하겠다.'라는 발언을 여러 차례 했었다.

하지만 트럼프는 당선 이후 과거 자신의 '한·일 핵무장 용인론' 발언에서 완전히 발을 빼는 모습을 보여주었다. 선거운동 과정에서 내세웠던 말이 바뀌고 있다는 지적이다.

미국 시민이 아닌 이슬람교도 입국을 금지하겠다는 공약은 대선판을 뜨겁게 달궜지만, 당선 이후 뒷순위로 밀려나는 듯한 모습을 보여주고 있다.

트럼프는 대통령에 당선된 직후 연방의회를 방문한 자리에서 "의회에 이슬람교도 입국 금지를 요청할 것이냐?"라는 질문을 받았지만 경청만 했을 뿐 아무런 답변을 내놓지 않았다.

그는 선거운동 기간 보호무역을 핵심 공약으로 내걸면서 미국의 일자리를 빼앗아 가는 중국 제품에 45%의 관세를 물리겠다고 약속했다. 그러나 이것도 와전된 것이라고 밝혔다.

"역사상 최악의 협정"이라고 큰 소리를 쳤던 북미자유무역협정(NAFTA)은 일단 캐나다, 멕시코와 재협상을 한다는 방침이며, 한미자유무역협정(FTA)도 트럼프의 공약대로 재협상을 추진할 가능성이 높다는 분석이다. 미국 트럼프 대통령 시대의 불확실성은 확실히 커지고 있다고 언론들이 보았다.

# 03 PART
# 트럼프 대통령의 일화

## 만화 속의 주인공

트럼프는 언젠가 이런 말을 했다.

"누군가가 만화로 나를 이렇게 묘사했다. 화려한 여자 친구와 함께 전용 비행기로 개인 골프장을 누비면서, 마룻바닥은 대리석, 욕실은 금으로 장식된 초호화 아파트에 사는 비즈니스 거물의 모습이었다. 그 만화는 사실이다. 크게 생각하고 크게 살라."

2004년 출간한 트럼프의《부자가 되는 법》은 그가 부와 성공을 이루어낸 법을 진솔하게 담아 놓은 책이다. 그는 이 책에서 이렇게 밝혀 놓았다.

"수많은 백만장자가 부자가 되는 법에 대해 무수히 많은 책을 써 왔다. 그러나 역만장자 저자는 드물다. 부동산, 스포츠, 카지노, 엔터테인먼트 산업을 주무르며 맨해튼의 많은 고층 빌딩과

TV 황금 시간대의 인기 시리즈를 갖고 있는 억만장자 저자는 내가 유일하다. 만일 오프라가 책을 하나 더 쓰고 부동산업계에 뛰어든다면 좋은 경쟁 상대가 되겠지만……."

도널드 트럼프는 '뉴욕의 스카이라인을 바꾼 사나이'로도 이름을 떨쳤다. 그가 직접 쓴 돈 버는 비결을 솔직하게 털어놓은 트럼프의 《부자가 되는 법》은 미국 경제 경영서 시장에 돌풍을 일으키며 2004년 최고의 화제작이 되었다.

트럼프는 거대 재벌의 자손도 아니었고, 복권에 당첨되지도 않았다. 미국 최대의 부동산 카지노 재벌로 41세에 이미 수십억 달러의 자산을 지닌 부동산 제국의 황제가 된 자수성가형 인물이다.

## 트럼프의 '부자 되는 법'

"어떻게 그런 큰 부자가 될 수 있었을까?"

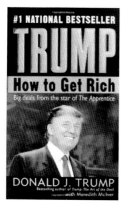
| 트럼프 《부자가 되는 법》

그는 저서 트럼프의 《부자가 되는 법》에서 이렇게 고백하였다.

"1968년 와튼스쿨을 졸업한 후 건설업과 임대업을 하던 아버지의 영향으로 곧바로 부동산 사업에 뛰어들어 아파트와 호텔을 사들이고 건축과 임대, 리모델링 사업을 본격적으로 벌였다. 친구들이 신문의 만화나 스포츠 기사를 읽고 있을 때 연방주택관리국의 저당권 상실 명단을 살펴보았다." 정부에서 융자를 받았다가 저당권을 잃은 건물의 목록을 살피는 게 취미였다는 이야기다. 이런 취미 덕에 오하이오 주 신시내티에 있는 1,200가구의 아파트 단지인 스위프튼 빌리지를 찾아냈다. 그는 아버지와 함께 오하이오 주의 이 파산한 아파트 단지를 600만 달러(현재 기준 약 68억 원)에 구매해 각종 리모델링을 거쳐 새롭게 바꾼 뒤 1년 반 만에 1,200만 달러(약 136억 원)에 되파는 '천부적 자질'을 보여주었다.

트럼프는 와튼스쿨에 편입하자마자 수강한 부동산 개발 과목 첫 시간에 교수가 별생각 없이 "왜 이 과목을 수강하게 되었는가?"라는 질문을 던지자, "저는 뉴욕 부동산업계의 왕이 되고 싶습니다."라고 당당하게 밝혔다.

너무나 당당했던 트럼프는 그런 목표에 따라 스스로의 미래를 착실하게 설계해 나갔다.

트럼프에게 위기도 있었다. 1980년대 말에는 부동산 시장이 붕괴되면서 100억 달러에 육박하는 채무 속에서 허덕이기도 했다. 그러나 1990년대 미국 경제의 안정과 함께 재기에 성공하여 제2의 신화를 창조하였다.

초호화 빌딩과 카지노, 최상의 골프 코스, 세계적인 미인대회 개최권을 지닌 화려한 미국적 영웅의 모습으로 미국 경제의 부흥을 상징하는 인물로 우뚝 섰다. 트럼프 타워, 트럼프 플라자, 트럼프 파크 애비뉴, 트럼프 팰리스 등의 트럼프 브랜드 주택은 곧 최고급 주거지와 동의어로 널리 회자하고 있다.

"트럼프는 어떻게 큰 부자가 되었을까?"

"나는 모든 일에 항상 최고가 되려는 강한 집념의 사나이였다. 자신의 비즈니스 스타일에 맞는 사람들을 찾는다면, 시간이 갈수록 신경 쓸 문제가 적어진다. 좋은 사람은 곧 좋은 경영이고, 좋은 경영은 곧 좋은 사람이다. 평범한 사람들이 좋은 경영을 하는 것도 보았고, 탁월한 사람들이 나쁜 경영의 수렁에 빠지는 것도 보았다."

이 내용도 트럼프의 《부자가 되는 법》에서 밝힌 것이다.

트럼프는 독서와 배움의 중요성을 강조한다. 그는 매일 출근하자마자 5~7개의 신문과 10~12권의 잡지를 보며 스크랩을 하고, 저녁에는 3시간 정도 명상과 독서로 보낸다. 특히 철학서를 탐독하며 카를 융의 저서에서 깊은 영향을 받았다고 밝혔다.

'자신을 이해하고 세상을 아는 것, 그것이 복잡한 시장에서 중심을 잃지 않고 나아가게 해주는 기본적인 힘'이라고 강조했다.

## 승승장구의 저력

**"트럼프가 놀라운 속도로 승승장구해 온 이유는 무엇일까?"**

트럼프는 뛰어난 사업가다. 미국 작가 마크 트웨인의 명언 "자기 자신의 인정을 받지 못하면 그 누구도 편안하게 할 수 없다."라는 말을 금과옥조로 삼았다. 트럼프는 나중에 쓴《자기계발서》에서 이 말을 인용하면서 "자기가 잘한 걸 끊임없이 떠들고 과시하라."라고 피력하였다.

이 조언이야말로 그가 파산 위기에서 벗어날 수 있었던 이유다. 3차례나 파산 위기를 맞았지만, 그때마다 좌절하지 않고 위기에서 벗어났다. 그것이 곧 트럼프 브랜드 파워로 나타난 것이다.

그는《자기계발서》에서 "계단을 올라가면서 만나는 사람들을 함부로 대하지 마라. 그들은 계단을 내려올 때 다시 만나게 될 사람들이다. 혼자 잘났다고 자랑하지 마라."라고 강조했다.

막말을 거침없이 퍼붓고 옳지 않다고 생각하는 것에 대해서는 큰 소리로 꾸짖는 데도 인기가 올라가는 사람, 그래서 '트럼프는 불사신(不死身)'이라고 평가한다.

트럼프는 역대 뉴욕타임스 베스트셀러 집계 사상 최고의 베스트셀러 작가로 이름을 올렸다. 이는 트럼프의《부자가 되는 법》을 비롯해 도널드 트럼프 자서전《거래의 기술》,《정상으로 가는 길》등 저서의 덕이다.

# 04 PART
# 트럼프의 고공 행진

## 대통령 당선의 행운

2016년 11월 8일 시행된 미국 제45대 대통령 선거에서 공화당의 후보 도널드 트럼프가 미국 정치판을 송두리째 흔들어대고 대통령에 당선되는 행운을 안았다.

대통령이 될 것이라고는 아무도 예상하지 못했던 사람, 정치와는 거리가 한참 멀었던 것처럼 여겨졌던 인물이 난데없이 미국 대통령이 되겠다고 등장해 미국인들은 물론 지구촌 사람들까지 벙벙하게 만들어 버린 사람이다.

초반부터 예상을 뒤엎고 공화당 안에서는 여러 후보자 가운데 줄곧 1위로 달리는 바람에 공화당원들과 미국 사람들이 무척 당황하고 혼란스러워했다. 엄청난 부동산 재벌이 정치를 하리라고는 그 누구도 생각하지 못했고 또 꿈도 꾸지 못한 일이다.

그는 공화당 경선에서 다른 경쟁 후보를 제치고 경선 돌풍을 허리케인처럼 일으키면서 아메리카 대륙을 강타하고, 그 여파를 지구촌으로 날렸다. 특히 우리나라와 일본, 중국은 물론 북한에게 까지 트럼프의 강펀치가 날아들었다.

공화당에서는 당초 유력한 후보가 없는 마당에서 트럼프는 명문 가문의 실력자마저 따돌리고 초강대국 미국의 막강한 대통령 후보로 확정되어 대선의 날을 향해 야생마처럼 더욱 힘차게 달렸다.

트럼프의 거센 돌풍 앞에서 당황한 사람들은 바로 처음에 "트럼프로는 안 된다."라며 고개를 설레설레 흔들었던 공화당 정치인들이다. 기존의 미국 정치 가도를 주름잡아 온 공화당의 골수 원로와 보수 인사들이 트럼프에 회의적인 생각을 가지고 있었던 것이다.

그랬던 트럼프가 기성 정치들의 정치 감각을 보기 좋게 꺾어버리면서 공화당의 후보 경선 과정에서 돌풍을 일으켰고, 강력한 상대자였던 민주당의 힐러리마저 따돌리고 마침내 백악관의 주인공이 되었다.

# 백악관 (White House, 白堊館)

백악관은 미국의 대통령 집무실이자 관저이다. 미국 수도인 워싱턴에서 가장 오래된 건물로 펜실베이니아 가(街)에 있다. 백악관을 포함한 주위 부지는 모두 7만 2,000㎡이다.

대통령은 가족과 함께 이 관저의 2층에서 생활한다. 방의 수는 130개가 넘는다. 백악관은 관저로서의 기능을 수행할 뿐만 아니라 예산국 등 직속 관청도 이 건물 안에 있기 때문에 대통령직 그 자체를 의미하는 경우가 많다.

## 예측 불허의 럭비공 전략

'럭비공 작전'을 펴는 트럼프는 누구인가? 도대체 그는 어떤 인물이기에 좋고 나쁨을 가리기 전에 호불호가 그렇게도 극명하게 나타나고 있는 것일까?

날카로운 막말 독설과 거침없이 톡톡 튀는 행보, 여러 여성들과의 염문설 등을 뿌리면서 좌충우돌하는 트럼프의 '럭비공 작전' 앞에 그의 정치적 균형 감각은 물론 선거 전략을 전혀 예측하기 어려워 모두가 전전긍긍했다.

트럼프는 어린 시절 또래들에게 지지 않으려는 집념이 무척 강했다. 무슨 일이든지 이겨야 한다는 생각 때문에 언제나 과격한 행동을 보였다. 그 때문에 그의 부모가 늘 속을 끓이며 고민이 깊었다고 전한다.

트럼프는 대학을 나온 뒤 1971년에 아버지 회사인 엘리자베스 앤 선에서 직장생활을 시작하였다. 아버지가 다져 놓은 회사에서 사업 수완을 쌓은 그는 한걸음 더 나아가 새로운 일을 도모하였다.

그는 사업을 시작할 때 "푼돈 100만 달러(11억 원)를 아버지한테 빌려서 별도 사업을 시작했다."라고 밝혔다. 100만 달러를 푼돈이라고 할 만큼 부자의 아들이 롱아일랜드에서 부동산 회사인 트럼프 기업을 설립하고 사업을 시작한 것이다.

그러나 그는 "사업을 한다는 것이 결코 쉽지만은 않고 힘이 들었다."라고 털어놓았다. 저돌적인 기질로 사업체를 이끌던 그는 곧장 사업 본거지를 롱아일랜드에서 번화가인 맨해튼으로 옮겼다. 맨해튼은 뉴욕의 도심으로 금융, 문화, 상업의 중심지이자 세계적인 기업과 국제적 기구들이 들어선 곳이다.

증권거래소가 있는 월가, 최고층 빌딩을 자랑하던 엠파이어스테이트 등으로 마천루를 이루었고 그리니치빌리지, 센트럴 파크, 유엔본부, 세계무역센터, 링컨센터, 컬럼비아대학, 뉴욕대학, 록펠러센터, 미술관, 박물관 등 유명한 기관 단체들이 모여 있다.

맨해튼으로 회사를 옮긴 그는 흔히 말하는 파워풀한 사람, 능력 있는 사람들과의 네트워크를 구축하여 부동산 사업을 본격적으로 전개하였다. 그의 뜻대로 사업은 척척 진행되면서 거침없이 초고속으로 발전하였다.

# 05 PART
## 천재적인 사업가

### 부동산 프로젝트 대박

"트럼프, 과연 부동산 사업의 귀재이다!"

"저돌적 기질의 부동산 사업가다!"

트럼프를 둘러싼 찬사가 맨해튼에 넘쳐흐르듯 쏟아졌다. 이어 맨해튼 5번가에서는 최고로 비싼 동네인 티파니 매장 바로 옆에 호화스러운 '트럼프 타워' 주상 복합 건물을 세워 분양하면서 대성공을 거두었다. 이로써 뉴욕의 중심 맨해튼에서는 최고의 부동산 재벌이자 영 파워로 급부상하였다.

트럼프는 사업 수완을 유감없이 발휘하면서 뉴욕 시의 대형 부동산 프로젝트를 연이어 성공시키면서 월가의 주목을 받았다. 이른바 '부동산업계의 최고 스타'로 떠올랐다.

그는 1980년대 중견 규모의 회사였던 부동산 회사를 미드타운

한복판에 있는 그랜드센트럴 역 바로 옆에 있는 하얏트 호텔을 합작 형태로 오픈하면서 일약 스타덤에 올랐다.

맨해튼의 트럼프 타워는 우리나라 연예인들까지도 군침을 흘리면서 적지 않게 구매한 아파트로 유명하다. 트럼프 타워의 분양 대성공으로 그의 회사는 날개를 달고 하늘 높이 솟아오르듯 승승장구하였다.

센트럴파크가 보이는 곳에 또 다른 럭셔리 아파트를 성공리에 공급하였고, 허드슨 강이 보이는 웨스트 지역에 대단위 주상 복합 아파트 단지를 분양하여 단번에 모두 판매하는 저력을 보였다.

트럼프가 손대는 부동산 신규 분양 사업은 추진과 동시에 즉시

| 맨해튼의 트럼프 타워

매진되는 기현상을 보였다. 그는 부동산 개발 사업의 이미지부터 바꿔 놓았다. 과거에는 위치가 좋은 곳에 새로운 건물을 지어 가진 사람들, 여유가 있는 부자들을 끌어모으는 형태로 분양 사업을 전개하여 성공을 거두었지만, 기반을 잡은 뒤부터는 변두리의 허름한 지역을 신도시 형태로 구획하고

개발하여 쾌적한 주거 및 사업 공간으로 바꾸어 놓는 놀라운 솜씨를 보여주었다.

그래서 그가 손대면 신규로 세운 건물은 물론이고 주변 지역도 덩달아 가격이 오를 정도로 마법의 황금손처럼 위력을 나타냈다. 예리한 판단력과 돌파력, 과감한 결단력, 발 빠른 실천력이 그를 부동산 사업의 천재로 끌어 올리면서 지금의 부동산 기업 거부(巨富)로 우뚝 서게 한 것이다.

달리는 말에 채찍질도 때를 타야 한다. 욕심을 너무 부려서 그 정도가 지나치면 과유불급(過猶不及)이라 하여 오히려 해를 불러들인다고 말한다. 부동산의 귀재라는 말을 들은 그였지만, 경제의 흐름, 세월의 변화에는 그도 순응할 수밖에 없었다.

1990년대 부동산 경기가 쇠퇴하면서 다른 업종에게도 찬바람이 몰아쳐 한때 고충을 겪기도 했다. 그때 그는 '대마불사(大馬不死)'라고 말했다. 바둑 용어이지만 대마는 쉽게 죽지 않는다는 이 말을 되새기면서 힘을 얻었다.

부동산 경기 침체의 한파 속에서도 금융기관 등의 지원 혜택으로 그의 사업은 별로 어려움이 없었다. "힘센 말이 잘 달린다. 죽을 먹은 자는 비실거린다."라는 격언처럼 그의 부동산 사업은 불황을 느끼지 않았다. 큰 탈 없이 순풍에 돛을 단 듯이 진행되어 나갔다.

그러나 사업으로는 타의 추종을 불허한 그였지만, 가정사에는 매사 순탄하지 못했다. 그 사이에 두 번 이혼하고, 세 번째 결혼을 하면서, 맨해튼 사람들로부터 과격하고도 기이한 기질이 여전히 살아 있다는 비아냥거림을 받았다. "두 여자와 이혼하고 세 번째 여인과 살고 있는 그는 자식도 무려 5명이나 된다."라고 언론들이 보도했다.

# CHAPTER 02

# 위대한 신화

LEADERSHIP

# 01 PART
## 정치 초년생의 돌풍

## 재치 넘치는 정치가

"트럼프! 그 재치로 정치를 하면 잘할 것 같다."

"날더러 정치꾼이 되라고?"

"비판력이 너무 날카로워 훌륭한 정치인이 될 수 있어!"

"정치판에 발 들여 놓으면 쉽게 빠져나오지 못한다는데…."

트럼프는 2000년 어느 날 개혁당 소속으로 활동하는 대학 동창의 제의를 받았다. 그는 결국 그 친구의 권유를 받아들였다. 2000년에 실시된 제43대 대통령 선거판에서 개혁당 후보로 선거 무대로 들어섰다. 부동산 사업가에서 정치 신인으로 변신을 시도한 것이다.

관록이 있어야 하는 정치판에 그는 완전 초짜로 얼굴을 내밀었다. 하지만 정치판의 계보와 관록이 전무한 그는 잠깐 나왔다가

| 엘 고어                 | 제43대 대통령 조지 W. 부시

사퇴하고 본업으로 돌아갔다.

그는 2000년 대선 판국에서 잠시 속마음을 내비쳐 정치판에 한 방 강편치를 날리는 맛보기를 한 셈이지만, 정치판의 유혹과 매력이 그의 몸과 마음을 흔들어 대는 것을 스스로 느꼈다.

고어와 부시가 대결한 2000년 대선은 한마디로 미국 대통령 역사상 가장 치열한 선거였다고 기록되고 있다. 공화당 후보 부시는 플로리다 주를 제외한 남부 여러 주에서 여유롭게 승리를 거두었고, 오하이오 주, 인디애나 주에서도 여유로운 승리를 거뒀다.

미국 중서부의 농업이 주요 산업인 주들과 로키산맥에 접한 주들, 알래스카 주에서도 여유롭게 승리하였다. 고어는 뉴햄프셔 주를 제외한 모든 북동부의 주에서 승리를 거두었다.

중북부의 여러 주들과 하와이 주, 태평양 연안의 워싱턴 주, 오리건 주, 캘리포니아 주에서 승리를 거두었다. 아이오와 주에서는 매우 근소한 차이로 승부가 갈렸다. 가장 박빙의 승부가 벌어진 곳은 플로리다 주였는데 선거의 승패가 이곳에서 갈렸다.

선거인단 538명 중 270명을 확보하여야 당선이 되는데, 선거 이튿날 아침까지의 개표 결과 부시는 246명의 선거인단을, 고어는 255인의 선거인단을 확보한 상태였다. 접전 중인 3개의 주 가운데서 규모가 작은 뉴멕시코 주(선거인단 5명)와 오리건 주(선거인단 7명)의 결과는 당선 여부를 좌지우지할 수 없었고 플로리다 주(선거인단 25명)의 결과에 따라 당선자가 갈리는 상황이었다.

이 때문에 플로리다 주의 선거 결과는 투표가 시작된 후 1달간 개표 및 검표, 재검표를 거치며 매우 큰 이슈가 되었다.

최종 결과 고어는 총 득표 수에서 부시를 54만 3,895표 앞섰지만 확보한 선거인단 수에서 부시에 밀려 결국 선거에서 패배하였다. 고어는 아버지에 이어 상원의원을 지냈던 자신의 근거지인 테네시 주에서도 패배하였다.

테네시 주에서 승리하였다고 해도 플로리다 주에서 승리하지 않았다면 당선될 수 없었다. 고어는 조지 맥거번이 1972년 미국 대통령 선거에서 근거지인 사우스다코타 주에서 패배한 이래 처음으로 자신의 고향에서 패배한 주요 정당 후보가 되었다. 부시도 자신이 태어난 곳인 코네티컷 주에서 패배하였다.

# 02 PART
## 막말 시리즈로 인기

### 방송 중에 '너는 해고야'로 유명

트럼프의 '막말 스타' 행진은 한 방송에서 시작되었다. 그는 2004년 자신이 TV 쇼 어프렌티스를 진행하고 있었다. '백수 탈출 성공기'라는 TV 쇼 프로그램 '셀레브러티 어프렌티스'에서 민감한 사안에 대해 거침없이 직설적으로 잘라 말하면서 시선을 끌었다.

"너는 해고야!"

엉뚱한 이 한마디에 방송에 출연한 사람은 물론, 시청자들도 모두 깜짝 놀랐다. 물론 그의 막말은 그 방송이 처음은 아니었다. 막말 행진은 그의 입버릇이나 마찬가지였다.

트럼프는 미국 최대 공영방송 NBC 방송 프로그램에서 공개적으로 던진 한마디로 인해 일약 막말 스타로 유명해졌다. 단 한 번의 발언으로 그의 막말 이미지가 강하게 인식된 것이다.

방송 출연자들의 대화 과제는 '생존 노력과 투쟁' 방식이었다. 방송이 열기를 뿜어내면서 대화자들이 갑론을박으로 속내를 드러내고 있을 때 이에 대한 날카로운 질문이 이어지자, 그는 단칼에 무를 잘라 버리듯이 "너는 해고야!"라고 쏘아붙였다.

그 한마디에 프로그램 출연자들은 어이없게 이미지를 구겼고, 최고 승자는 트럼프가 되었다. 촌철살인과도 같은 이 한마디 말은 그 뒤로 이 방송 프로그램의 브랜드명이 될 정도로 유명세를 탔다.

그 뒤 리얼리티 TV 쇼 프로그램은 인기를 끌었다. 속사포처럼 사정없이 쏘아대는 그의 막말은 해를 거듭할수록 더욱 거칠어졌다. 그로 인해 시청률을 끌어 올리는 견인차가 되었다.

트럼프의 날카로운 비판과 해고 선언은 긴장감과 박진감 넘치는 스릴 속에서 시청자들의 인기를 독차지한 것이다. 여기서 그에게 인생 역전이 일어났다. 뜨거운 방송 열기가 결국 그를 정치판으로 끌어들이는 단초로 작용한 셈이다.

그런 징조는 2015년 여름 다시 불거졌다. 트럼프에게 2016년 공화당 대선 후보 경선에 나서라는 권유가 이어진 것이다. 그때만 해도 또 한 번의 시험대로 들어서 보라는 유혹으로 받아들였다.

사실 그 전에 개혁당에 잠시 몸담았던 그가 공화당으로 들어와 틀림없이 선두로 치고 나설 것이라고는 아무도 예상하지 못했다.

나온다 해도 중위권에서 머물다가 슬그머니 사라질 것이라는 관측이 다수의 예상이었다.

공화당에 마땅한 대선 후보감이 없었기에 정치 신인인 그를 대선 후보로 일단 내보내 놓고 보자는 식이었다. 그러나 공화당의 예상은 보기 좋게 빗나갔다. 트럼프를 향한 지지도는 시간이 흐르고 날이 갈수록 높아지면서, 예상 후보들이 하나둘씩 맥을 못 추고 중간에 기력을 잃고 떨어져 나갔다.

생각도 못한 막말 시리즈를 엮어내고, 그 내용도 상상을 초월하는 폭발적인 망언으로 이어져도 그의 지지도는 고공 행진을 거듭하였다. 참으로 이상한 일이었다.

후보 결정은 중반전 때까지 그가 근소한 차이로 선두를 이어가면서도 반신반의로 흘러갔다. 그러나 엎치락뒤치락하던 순위는 종반전으로 접어들면서 트럼프로 완전 기울어졌고, 확실한 후보로 자리매김을 한 뒤 제45대 공화당 대통령 후보에 오른 것이다.

## 거침없이 쏟아 내는 막말

트럼프의 막말은 입만 열면 논쟁거리와 웃음거리가 되었다. 그러나 그에게 거침없이 말하는 사람, 은유 화법을 사용하지 않는 솔직한 정치 신인이라는 평가가 쏟아지기도 하였다.

희대의 막말 재주꾼 트럼프, 그가 만든 이야기만으로도 한 시대의 풍자적 만화를 시리즈로 만들기에 충분한 막말들을 쏟아 냈다.

"이슬람 이민자를 받지 않겠다. 미국 안에 들어와 있는 기존 무슬림의 인적사항을 전면적으로 데이터베이스화해야 한다."라고 말해 국제적인 파문도 일으켰다.

더구나 100년 동맹국인 대한민국에 대해서도 거침없는 막말 극언을 서슴없이 퍼부었다. 그 가운데 상식을 넘어서는 막말은 이렇다.

"우리는 한국을 돕고 있지만 정작 한국은 우리한테 해 주는 게 없다. 미친 짓이다."

"한국이 주한 미군 주둔 비용 100% 부담하라. 안 그러면 스스로 방어하라."

"한국은 돈 버는 기계인데, 주한 미군 주둔비는 쥐꼬리만큼 부담하고 있다."

"한반도에서 전쟁하려면 하라지. 행운을 빈다."

그의 말대로라면 한·미 관계는 동맹관계가 맞는지 심각하게 생각해 보아야 할 일이다.

공화당 대선 후보전이 불을 뿜기 시작한 2016년 1월 플로리다 연설장에서 마이크 상태가 좋지 못하여 연설을 제대로 할 수 없게 되자 크게 짜증을 내며 큰 소리로 욕을 퍼부었다.

"마이크 담당자, 너에게 돈 절대 안 준다."

대통령이 되겠다고 대선 판국에 뛰어든 사람이 해서는 안 될 저질스러운 망언을 내뱉은 것이다. 뒤를 이어 세인트루이스에서도 예상하지 못한 일이 벌어졌다. 어느 백인 남성이 흑인 남성 지지자를 폭행하는 사태가 벌어진 것이다. 그러자 트럼프가 버럭 화를 내며 막말을 쏟아 냈다.

"반대파를 때려 부숴라. 소송비는 내가 부담한다."

그뿐만이 아니다. 불법 이민자 반대 연설을 하고 있을 때 한 여성이 "트럼프여! 너는 안 된다."라고 야유를 보내며 방해 행위를 하는 것이었다. 그러자 트럼프는 순간적으로 직설적인 막말로 응수하였다.

"너는 멕시코에서 온 여자냐?"

트럼프는 대선 후보 지명을 위한 유세장마다 일일이 헤아릴 수도 없는 극언과 폭탄 발언으로 연일 화제의 인물로 등장하였다. 흥미로운 점은 그가 말도 안 되는 소리, 제정신이 아닌 것 같은 언사, 마치 정신이상자가 아니라면 도저히 내뱉을 수도 없는 저질적인 막말을 떠벌리면 떠벌릴수록 그의 지지도는 흔들림 없이 쑥쑥 올라간다는 점이다.

대다수 사람이 꺼리는 인종, 종교, 이민, 약자 문제 등을 과감히 끄집어내고 남들이 궁금해 하는 말도 거침없이 쏟아 내는 그에게 상당한 유권자들이 박수를 보내고 공감을 보냈다. 참으로 불가사의하다는 말이 그의 주변에서 나왔다.

## 쉬운 말 구사하는 대통령

"트럼프는 정말 막말의 명수인가?" 그 반대라는 말이 더 진솔하다. 트럼프는 역대 미국 대선 후보 중에서 가장 쉬운 말, 듣기 쉽고 이해하기 편한 단어를 사용한 사람으로 나타났다고 미국 언론들이 분석하였다.

**"우리는 어느 때보다도 위대한 나라를 가지게 될 것이다."**

(We will have a great, great country, better than before)

짧은 음절의 문장이다. 9~10세의 초등학생들도 바로 이해할 정도의 쉬운 단어를 사용하였다. 대부분의 대선 후보자들은 모두 중학생 이상의 교육 정도를 지닌 사람들을 겨냥한 말들을 늘어놓았다.

그러나 트럼프는 초등학교 5~6학년 수준의 국민들을 소통의 대상으로 자신의 뜻을 역설했다. 좋은(Good), 나쁜(Bad), 거대한(Huge), 위대한(Great), 끔찍한(Terrible), 놀라운(Amazing), 아름다운(Beautiful) 등으로 영어를 배운지 얼마 안 되는 사람들도 쉽게 이해하고 듣기 편한 좋은 말들을 두루 사용하였다.

이런 말들은 트럼프가 평소에도 자주 즐겨 쓰는 말들이다. 트럼프는 대선 유세 중에 "오바마 대통령, 듣고 있소?"라는 말도 했다.

트럼프는 대한민국 대통령으로부터 당선 축하 전화를 받는 통화 중에도 쉬운 말, 솔직한 말을 구사하는 대통령의 모습을 보여주었다.

"한국에 좋은 친구가 많이 있다.", "한국인들은 판타스틱 피플 (Fantastic People)이다." 좋은 사람들, 또는 아주 멋진 사람들이라는 뜻이다. "당신과 100% 함께 간다(I am with you)." 등이라고 밝혔던 것이 그런 사례이다.

트럼프는 "다른 사람들이 나를 예측할 수 없는 사람으로 만들고 있다."라면서 그러나 "나는 그 반대라는 생각으로 살아온 사람"이라고 강조했다. 그의 말속에는 보다 의지가 강한 사람, 쉽고 좋은 말을 하는 사람이 다른 사람의 마음을 읽을 수 있다고 여기는 삶의 철학이 담겨 있다.

북한 김정은에 대해서는 "김정은은 미치광이다.", "더는 핵을 가지고 장난을 못 치게 이제는 끝내야 한다.", "김정은을 사라지게 만들겠다.", "김정은이 더 이상 나가도록 내버려 둬서는 안 된다.", "핵은 오늘날 이 세상에서 가장 큰 위협이다.", "김정은이 미국에 온다면 햄버거를 먹으면서 더 나은 협상을 하겠다." 등으로 털어놓았다.

## 트럼프의 리더십과 마인드

트럼프의 리더십과 마인드는 "끝까지 이긴다."는 것과 "강한 리더 정신"이다. 그의 말이 가끔 민주적 절차나 도덕적 상식을 벗어나는 언행이라는 비난을 거세게 받았지만, 강력한 정치적 메시지와 포퓰리즘 정책으로 국민들을 사로잡았다.

그래서 트럼프 대통령 시대를 가리켜 "스트롱 맨(Strong man : 강성 지도자) 전성시대가 왔다."라고 전망하고 있다. 그런 배경은 그가 대선 유세 중에 "테러리스트를 고문하는 것은 당연하다. 그 가족까지 사형시키겠다."라고 말한 데서 비롯되었다.

미국 사람들은 사회가 불안정할수록 민주적 절차를 거쳐 진행하는 것보다는 일을 신속하게 처리할 수 있는 강력한 권위적 지도자를 원하고 있다. 그런 시대적 사회적 여건에 가장 합당한 사람이 바로 트럼프라고 보았기 때문에 그를 대통령으로 선택한 것이다.

이런 경향은 토론 과정을 거쳐 일을 처리하는 대통령보다는 강력한 리더십을 발휘하는 지도자를 따라가는 것이 더 편하다는 대중심리에서 나온 것이다.

# 03 PART
## 새로운 역사

### 관록과 전통에 맞서다

관록과 전통을 생명처럼 여기는 미국 공화당은 이렇게까지 극언과 망언자로 유명한 트럼프가 후보 1위에 올랐다는 사실조차 믿으려고 하지 않았다. 그래서 후보 지명을 눈앞에 둔 막판까지도 꿀 먹은 벙어리 냉가슴 앓듯 전전긍긍하며 안절부절못하였다.

미국의 정치판도 알 수 없는 요지경 속으로 빠져드는 정국이 되고 말았다.

미국 공화당은 1800년 제퍼슨이 제3대 대통령으로 당선된 이래 역대 대통령 45명 가운데 22명의 공화당 대통령을 배출하기까지 공화당 역사에 이러한 후보가 있었는지 되돌아보지 않을 수 없게 되었다.

미국 역대 대통령 45명 가운데 공화당 출신이 22명, 민주당이

17명, 기타 당이 6명이었다.

공화당 출신 트럼프의 인기는 거품이 아니라 미국 역사를 새롭게 펼쳐가는 기폭제로 등장했다.

그래서 미국의 2016년 제45대 대통령 선거에서 당선된 트럼프의 통치력은 희극적 정치 드라마인 '방송 프로그램 막말 인사'의 틀에서 벗어나 세계의 관심거리가 되고 있다. 이는 미국 사회를 넘어 전 세계가 주목하는 현실이다.

### "NYT 기자, 그만둬라!"

트럼프는 뉴욕타임스(NYT) 기자에게 "NYT 기자 당장 그만둬라!"라면서 버럭 화를 냈다. 화를 낸 까닭은 NYT가 거의 날마다 공화당 대선 후보인 트럼프의 흠집을 내는 기사를 계속해서 쓰기 때문이었다.

"문제의 기사는 도대체 어떤 내용이었을까?"

NYT는 트럼프와 연인, 상사와 부하 직원 관계로 지냈던 여성들과 인터뷰를 하고, 그가 여성을 대하는 태도를 곁에서 지켜본 적이 있던 지인 등 50여 명에 대한 심층 취재 기사를 내보냈다.

이 기사에서 트럼프는 마음에 드는 여성에게 내키지 않는 로맨틱한 관계를 강압하는 것은 물론 여성의 외모에 대해 품평하거나, 여성의 몸을 더듬고, 성희롱에 해당하는 외설적 언행을 했던 인물로 묘사하여 놓았다.

트럼프는 자신의 과거 여자들을 캐면서 '여성을 더듬는 사람' 이라는 등 부정적 기사만 내보내는 뉴욕타임스에 반격을 가하면서 "그런 기사를 쓰려면 기자 그만둬라!" 하고 몰아붙였던 것이다.

그러자 트럼프의 딸 이방카도 NYT 보도를 비판하면서 지원 사격을 했다. 이방카는 회의 도중 트럼프가 자신을 더듬었다는 한 여성의 주장에 관련해서도 "아버지가 공개 석상에서 하는 모든 일을 내가 다 알고 있는데, 그런 적은 없었다. 아버지는 여성을 더듬는 사람이 아니다. 아버지는 평생 여성을 존중해 온 사람"이라고 옹호했다.

트럼프는 최근 "망해 가는 NYT"라며 노골적인 불만을 터뜨린 데 이어 이번에는 아예 관련 기사를 쓴 해당 기자의 실명을 거론하며 기자직을 그만두라고 공개적으로 촉구했다.

트럼프는 트위터에서 "여성 문제로 나를 공격한 부정직한 뉴욕타임스의 기자 마이클 바바로는 과거에도 트위터에 나에 대한 나쁜 글을 올렸다. 그는 그만둬야 한다. 망해 가는 뉴욕타임스가 나를 강타한 또 다른 기사를 썼다. 내가 여성들을 정중하게 대하는 것에 모두가 감명을 받고 있는데도 NYT는 전혀 찾아내지 못했다. 모든 사람이 설득력 없는 거짓 기사를 비웃고 있다. 망해 가는

NYT가 왜 클린턴 부부와 여성들에 대한 이야기를 쓰지 않느냐? NYT는 완전히 부정직한 매체이다."라고 성토했다.

트럼프와 별도로 딸 이방카도 CBS 방송의 '디스 모닝' 프로그램에 출연해, NYT 보도는 사실과 다르며 충격적이라고 비판하면서 아버지를 거들었다.

"NYT가 미리 짜 놓은 각본에 따라 강한 이론을 뒷받침하고 보강하는데 여러 요소가 근거 없이 동원됐다. 진실은 결국 스스로 밝혀질 것이다. 대부분의 경우 보도가 부정확하고 신뢰성이 없으면 좌절하고 화가 나기 마련인데 NYT 기사가 이번에 그 정도까지 나간 것이다. NYT의 이번 기사는 이미 대다수가 신뢰하지 않는 기사이다."

결국, 트럼프 부녀(父女)가 NYT와의 일전을 선포한 모양새가 되었다. 이로 인해 독자들도 희비가 엇갈렸다.

# 04 PART

## 탐색전의 명수

### 치밀한 사전 준비

트럼프의 대통령 꿈은 이미 2000년에 피어올랐다. 그때 대선에서 개혁당 소속으로 출마해 후보가 되려고 했으나 경선에서 탈락한 바 있다. 2015년 7월 공화당 대선 후보로 출마한 트럼프를 두고 그가 또 탈락할 것이라는 말이 많았다. 그런데 많은 이들의 예상과 달리 여론조사에서 내내 선두를 달리자 정계는 큰 충격을 받게 되었다.

그는 히스패닉과 무슬림에 대한 인종 차별 발언으로 큰 논란을 불러일으켰지만, 지지율은 오히려 오름으로써 입지를 강화하였다. 현재 전문가들은 트럼프의 성공을 기존 정치계에 대한 유권자들의 불만이 표출된 것으로 보았다.

트럼프는 매우 치밀한 사업가이자 전략가였다. 부동산 사업을 하던 아버지 프레드 트럼프를 따라 부동산 사업을 시작하였다. 1971년에 경영권을 물려받았고, 회사 명칭을 '트럼프 기업'으로 변경한 후 자신의 이름을 딴 호텔과 골프장을 설립하고 다른 사업을 인수 또는 병합하면서 사업을 확장하였다.

사업이 번창하면서 미국 내 주요 부동산 개발업자로 인정받은 그는 2004년부터 NBC에서 어프렌티스를 진행하면서 전국적으로 인지도를 높이게 되었다. 이듬해에는 슬로베니아 출신의 멜라니아 나우스와 결혼하면서 세간의 화제를 모았다.

트럼프는 2016년 기준으로 트럼프 기업의 회장 겸 사장을 맡고 있으며, 트럼프 엔터테인먼트 리조트를 설립해 전 세계에 호텔과 고급 콘도미니엄 사업을 진행하여 왔다. 한국에서는 대우 트럼프 월드마크가 트럼프 기업의 투자를 받아 진행한 것으로 유명하다.

트럼프는 NBC 유니버설을 NBC와 공동 소유하여 자신이 진행하는 TV 쇼 어프렌티스를 진행하였으며, 1996년 미스 유니버스 조직 위원회를 인수하여 해마다 최고의 미녀들을 선발하는 미스 유니버스와 미스 USA, 미스 틴 USA 대회를 열어 왔다.

트럼프는 빈스 맥맨과 손을 잡고 1988년 레슬매니아 IV와 1989년 레슬매니아 V를 공식 후원하여 트럼프 플라자에서 개최하였다. 1991년 레슬매니아 VII에도 나왔으며, 2004년 레슬매니아 XX에서는 제시 벤츄라에 의해 인터뷰를 한 일도 있다.

2007년에는 회장 빈스 맥맨이 그를 언급하면서 "WWE와 관계가 깊어졌는데, 그 발단으로 빈스 맥맨과 트럼프의 대결이 이루어지게 되었다."라고 밝혔다. 당시 이 경기에서는 지는 쪽이 삭발을 당해야 하는 헤어 대 헤어 매치 방식으로 관심을 끌었다.

빈스 맥맨의 고용 선수인 당시 인터콘티넨탈 챔피언 우마가와 트럼프의 고용 선수인 당시 ECW 월드 챔피언 바비 레쉴리가 경기를 펼치는 대결이었다.

특별 심판으로 스티브 오스틴을 영입하였다. 레슬매니아 2~3에서 빈스 맥맨 쪽이 우세한 것으로 여겨졌지만 트럼프 쪽이 이겼다.

결국, 빈스 맥맨은 트럼프, 바비 레쉴리, 스티브 오스틴에 의해 삭발당하게 되었다. 그 보답으로 트럼프는 스티브 오스틴의 스터너로 얻어맞았다. 2013년 2월 그는 WWE 명예의 전당에 헌액되었다.

# 엉뚱한 뉴스 메이커

트럼프는 '뉴스 메이커'라는 말을 듣는 사람이다. 그를 포장하듯 둘러싼 단어들은 다양하다.

미국의 대표적인 부동산 재벌,

2016년 기준 만 70세 막말 떠버리,

뉴욕의 부동산 재벌 프레드 트럼프의 넷째 아들,

그의 할아버지는 독일에서 온 이민자,

어머니는 스코틀랜드에서 온 이민자의 딸,

대통령 꿈을 안고 달려온 야생마,

마침내 그 꿈을 이루고 백악관에 입성한 대통령….

## 경제학 전공

트럼프는 펜실베이니아대학교 와튼스쿨 경제학과를 졸업한 후 아버지의 가업을 이어받았다. 그의 할아버지 프레드 트럼프는 당시 3,000억 원 정도의 재산을 가진 이름난 부동산 재벌이었고, 아버지는 할아버지의 유산으로 물려받은 금수저 1세였고, 트럼프도 매우 운 좋게 태어난 금수저 2세다.

지금 트럼프의 재산 총액은 무려 11조 원대라고 알려졌다. 이는 포브스에서 추산한 것이다. 그러나 트럼프 캠프에서는 그 보다 많은 12조 원이라고 밝혔다. 트럼프의 이 재산의 뿌리는 할아버지로부터 내려온 셈이다. 11조 원이거나 12조 원이라는 그런 숫자적 개념을 떠나서 엄청난 재산을 지닌 성공적인 사업가라는 것은 사실이다.

어느 경제학자는 "미국 주가 상승률은 트럼프가(家)의 재산 상승률에 영향을 많이 받는다. 만일 프레드 트럼프가 전 재산을 모두 인덱스 펀드에 넣었으면 현재 트럼프의 재산을 뛰어넘었을 것"이라고 말했다.

물론 타당한 주장이지만 트럼프도 나름대로 사업에 굴곡이 있었고 부동산 사업을 하면서 한 번도 망하거나 실패한 적이 없다면 인덱스 펀드 수익률보다도 더 높았을 것이라는 이야기이다.

자기 소유의 회사를 네 번이나 파산시킨 실력 없는 기업인이기도 하다. 1991년 애틀랜틱 시티의 타지마할을 당시 돈으로 10억 달러에 이르는 많은 빚을 지게 한 다음에 파산 신청을 내고 파산 결정을 받았다.

그다음 1992년 트럼프 플라자 호텔의 부채를 5억 5,000만 달러로 만들고, 2004년 트럼프 호텔과 트럼프 카지노의 부채도 18억 달러로 키웠으며, 2009년 트럼프 엔터테인먼트 리조트마저 채권 이자를 내지 못하게 되면서 관련 회사 모두를 파산시켜 버렸다.

문제는 그다음에 있었다. 이렇게 업체들을 모두 망가뜨려 놓고도 자신의 재산은 거의 한 푼도 축내지 않았다는 것이다. 여기서 개미 투자자들이 분노를 터뜨렸다.

그럼에도 불구하고 많은 미국인은 그를 성공적인 사업가로 보고 있다는 점이다. 시카고를 비롯한 미국의 주요 도시에는 트럼프 이름이 엄청나게 크게 걸려 있는 빌딩들이 하나씩은 우뚝 서 있다.

뉴욕타임스는 트럼프에 대해 이런 기사를 실었다.

"베스트셀러 책들을 몇 권을 내기도 했다. 부동산 사업만 한 것이 아니라 연예 쪽 사업도 했는데 특히 미인 선발대회인 미스 USA와 미스 유니버스 개최권을 소유하기도 했으며, 모델 에이전

시도 갖고 있다. 트럼프 자신은 TV 쇼 프로그램으로 '어프렌티스'라는 리얼리티를 진행하면서 엄청난 인기를 끌었다. 2004년부터 2015년 7월까지 이 프로그램을 진행했는데 여기서 '넌 해고야!'라는 말을 던졌다. 이 말이 '넌 잘렸어(You're Fired)'라는 유행어를 만들기도 했다."

트럼프는 2015년 공화당 대통령 후보 경선에 뛰어들면서 기발한 뉴스 메이커라는 말과 함께 미국 정치의 핫 이슈로 떠올랐다. 사실 트럼프는 대부분의 사람들이 인생의 종착역이라고 여길 수 있는 70대로 접어들기까지 사업가로 크게 성공했다.

그가 정치판에 뛰어든 것은 2000년 당시 제3 정당인 개혁당 후보로 대선 출마에 나섰다가 중도에 접은 일이 있었다.

2000년대 즈음에는 지금처럼 특별히 보수적인 성향을 가지고 있지 않고 톡톡 튀는 진보 성향이 강한 편이었다. 의료보험 개혁을 찬성하고, 낙태에도 호의적인 편이었다. 실제로도 2001년부터 2009년까지는 민주당 소속으로 활동하다가 공화당으로 말을 바꿔 탄 것이다. 정치가의 야망은 그때 이미 싹이 돋고 솟아 오른 것이다.

## "김정은은 미치광이다"

트럼프는 지금 세계가 증오하고 견제하는 북한 김정은을 '미치광이'라고 매섭게 몰아붙이면서 그와는 어떤 대화도 안 하겠다고 큰 소리쳤다. 김정은과의 대화 조건은 "북한의 핵 프로그램을 막기 위해서 그와 대화할 것이며 대화하는 데 아무런 문제도 없다."라는 것이다.

트럼프의 골수 지지층은 놀랍게도 대학 교육을 받지 못한 30~50대 백인들로 나타났다. 트럼프 핵심 지지층은 반이민, 반소수 인종 성향이 강하고 경제적으로는 보수적이지 않은, 공화당의 전통 핵심 지지층과는 거리가 먼 지지층이다. 이들은 미국에 오는 이민들에 대한 엄청난 반감을 가지고 있는 보수적인 세대들이다.

공화당 지도부가 저소득자 의료보험 혜택을 대거 삭감하고, 상위 1%에게 세금을 감면하고, 또한 자유무역을 선호하고 있는데 반해, 트럼프 지지자들은 저소득자 의료보험 혜택의 삭감을 반대하고 있다.

특히 트럼프는 대선 기간 중에 대통령이 되면 이를 삭감하지 않겠다고 분명히 밝혔기 때문에 지금 대통령과 공화당의 정책이 충돌되는 부분이다.

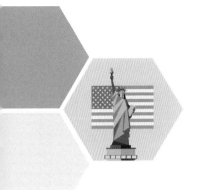

# 05 PART
# 정치를 향한 포석

## 원대한 꿈

**"트럼프의 정치적 포석은 언제부터 시작되었을까?"**

미국의 정치자금 감시단체(CRP)의 보고서에 따르면 트럼프는 20년 동안 공화당 후보뿐만 아니라 민주당 후보에게도 선거 자금을 기부한 것으로 나타났다.

2012년 2월에는 공화당 대통령 후보였던 롬니를 공개적으로 지지했다. 트럼프는 미국의 제40대 대통령이었던 로널드 레이건의 열렬한 지지자이기도 했다. 그리고 제44대 대통령 오바마의 재선 때인 2012 경선 당시에 뜨거운 이슈로 떠오르기도 하였다.

그의 대선 출마 선언은 이미 예견된 수순이었다. 트럼프는 2015년 6월 17일 공식적으로 미합중국 대선 출마를 선언하였다. 그는 대통령 후보로 출마를 선언하면서 이렇게 강조하였다.

"**미국을 다시 위대하게!** (Make America Great Again)"

이 명언을 대선 캠프 표어로 내걸고 유세 활동을 펴고 드디어 당선되었다. 2016년 3월 30일 MS NBC 주최로 열린 타운 홀 미팅 인터뷰에서 그는 "낙태 여성이 왜 처벌을 받아야 하느냐?"라는 질문을 받자 처음에는 머뭇거렸다. 그러다가 "낙태에 대해 어떤 형식으로든 처벌이 있어야 한다."라고 대답해 관심을 모았다.

이 발언이 전해지자 민주당 대선 주자인 힐러리 클린턴은 트위터를 통해 트럼프의 생각에 유감을 표하면서 통렬하게 비판했다.

힐러리의 비난과 함께 일부 여성 단체들이 트럼프의 '낙태 여성 처벌' 발언을 둘러싸고 거칠게 반발하자 공화당 주류에서는 "미국을 다시 위대하게! 만들겠다는 사람이 국민의 마음을 아프게 하는 말을 삼가라."며 그의 후보 지명에 난색을 나타내기 시작하였다.

이때 이미 국민을 상대로 막말이나 쓸데없는 험한 말을 하지 말라는 경고를 보낸 것이었다.

그러나 일각에서는 트럼프 대세론을 인정하고 지지 의사를 표명하였다. 세라 페일린 전 알래스카 주지사, 잰 브루어 전 애리조나 주지사 등이 트럼프 지지 의사를 밝혔다. 이로써 그에 대한 후보 지명 문제가 뜨거운 감자로 떠올랐다.

## 트럼프의 5대 중점 공약

트럼프의 선거 공약은 크게 5가지였다. 그 골자는 첫째 한국과 일본의 자체 핵 개발, 둘째 한국과 일본의 미군 철수, 셋째 북대서양조약기구인 NATO 반대, 넷째 시리아 파병 반대, 다섯째 고문 제도의 찬성 등이다.

그 주요 골자를 다시 살펴보면 이렇다. 하지만 대통령으로 당선된 뒤 상당 부분의 수정이 불가피한 것으로 알려졌다.

### 첫째, 한국의 자체 핵 개발 문제

"우리는 세계의 경찰관이 아니다." 이 말은 미국이 일일이 모든 나라를 보호해 주지 않겠다는 것이다. 그 대신 미국의 국익에 더 신경을 쓰겠다는 뜻이다.

동맹국을 보호하는 것이 당장은 큰돈이 들어갈지 몰라도 결국 미국의 국익에 도움이 되는 것인데 이를 이행하지 않겠다는 배짱이다.

그러면서 도널드 트럼프는 한국과 일본의 자체 핵 개발을 원하게 될 것이라는 말을 한 것이다. 일본은 모르겠지만 한국의 경우 북한이 핵 개발을 이미 하고 있는 상황이라 핵 개발을 원하는 목소리가 사실상 커졌다.

그런데도 지금 많은 사람이 핵무기라는 것은 플러스보다 마이

너스가 더 많다고 걱정한다.

일단 남북 관계가 지금도 최악이지만 더 걷잡을 수 없는 상태로 악화될 것이라는 우려 때문이다.

미국에서는 한국과 일본 두 나라가 추가로 핵무기를 개발한다면 세계 불안 요소가 될 수도 있다고 보는 사람들이 많다. 실제로 일본에서는 이러한 이유로 일본의 핵무장은 불가능하다는 말이 나돌았다.

그러나 트럼프의 생각은 다르다는 것이 문제이다. 두 나라가 서로 핵무기를 개발한다면 오히려 튼튼한 방위력을 구축하는 것이므로 협력 관계가 더 좋아질 것이라는 생각이다.

트럼프의 이 주장이 과연 옳은 것일까?

뉴햄프셔대학교 교수를 비롯한 많은 사람이 트럼프의 이 정책은 극단적으로 위험하고 순진해 빠진 발상이라고 지적했다.

### 둘째, 한국의 미군 철수 문제

우리나라와 관련해서는 매우 중요한 정책이다. 미군 철수? 한때 많은 논란거리를 불러왔던 매우 예민한 문제이다. 트럼프의 주장은 미군이 한국의 방위에 헌신하고 있으므로 주한 미군 주둔비를 더 많이 부담해야 옳다는 것이다. 그렇지 않으면 미군을 철수시키겠다는 협박이다. 이는 그의 단순한 셈법에 따른 것이다.

트럼프는 현재 일본에 5만 명의 미군 병력이, 한국에는 3만 명의 병력이 주둔하고 있다며 그 숫자까지 밝혔다. 그러나 과연 미군 철수가 가능할까?

트럼프의 이 말은 단순히 관심 끌기의 차원을 넘어서는 중대한 문제이다. 이렇게 파격적으로 불쑥 발설해도 되는 문제일까? 실제로 주둔 비용 협상이 결렬되면 병력을 한국에서 뺄 수 있을까?

이에 대해 우선 미국의 대부분 사람들이 미군 주둔이 동아시아 쪽 지역 안보에 대단히 중요하다고 생각하고 있다. 그러나 트럼프 혼자 참으로 이상한 소리를 하고 있는 것이다.

미군이 한국에 주둔하고, 합동 군사훈련은 실시하는 것 등에 대해 북한은 화를 내면서 온갖 사나운 말을 하고 있다. 이러한 일들은 결국 미군이 한국에 주둔해 있다는 사실만으로 북한이 겁을 먹고 있다는 것을 드러내는 행동이다.

6·25전쟁 때만 해도 전쟁이 일어나기 전에 미군이 철수하자 북한이 새벽에 한국을 기습해 왔다는 것을 역사가 말해 주고 있다.

### 셋째, NATO 반대 문제

트럼프는 북대서양조약기구인 NATO가 미국에 바가지를 씌우고 있다는 말과 함께 강력히 반발하고 나섰다. 이는 한마디로 NATO가 미국에게 경제적으로 큰 짐이 된다는 말이다.

NATO는 1949년 설립되었고, 유럽 26개국과 함께 미국과 캐나다가 속해 있다. 그러나 유럽 국가들은 국가 전체 GDP의 2%도 안

되는 비율을 NATO를 위해 쓰고 있는 반면, 나머지는 미국이 다 부담하고 있다.

트럼프는 북대서양조약기구인 NATO에서 탈퇴하고 새로운 단체를 만들겠다고 밝혔지만, 잘 운영되고 있는 조직에서 탈퇴하면서까지 그렇게 할 필요가 있는가? 하는 의구심을 갖게 하는 대목이다. 미국과 유럽 여러 나라 사람들은 미국이 유럽 국가들과 협상해서 그들이 조금 더 책임을 지도록 하는 것이 현명하다고 지적하고 있다.

**넷째, 시리아 파병 반대 문제**

트럼프는 2016년 3월에 열린 공화당 토론에서 시리아 파병에 대해서 미국은 더 이상 주저할 것도 없다고 잘라 말하면서, IS 격파를 위하여 이라크와 시리아 등에 2만~3만 명 정도의 미군을 배치해야 한다고 강조했다.

그 뒤 워싱턴포스트와의 인터뷰에서는 또 이상한 말을 했다. "미군을 그만큼 파병하겠다는 것이 아니라 여러 나라들과 협력하겠다는 의미"라고 생각을 바꾸었다.

그렇다면 트럼프가 대통령이 되었을 때 미국이 다른 나라들에게도 군대를 파병하라고 설득할 수 있으며 그 요구를 과연 들어줄 나라가 얼마나 될까? 시리아 문제는 연합군과 러시아 군대와의 대리 전쟁이 될 공산이 크다는 것을 생각할 때 더욱 복잡한 국제적 문제를 보여 주는 문제이다.

**다섯째, 고문 제도의 찬성 여부**

트럼프는 테러 용의자에 대한 고문에 찬성하고 있다. 과거 부시 행정부 시절 고문을 많이 했다고 하여 고문 장면이 공개되었는데 그 장면을 본 많은 사람이 경악을 금치 못한 일이 있었다.

특히 '물고문'이 충격을 주었다. 이는 마치 깊은 물에 빠져 허우적거리다가 익사하는 느낌이 들게 하는 고문이었다. 그 뒤로 인권 문제와 함께 고문이 토론거리로 자주 등장하였다.

그러나 트럼프는 이런 가혹한 고문에 찬성하는 것을 넘어 '물고문'보다 더 잔인한 수단을 동원하도록 하겠다고 말했다. 더구나 많은 미국인이 고문에 찬성한다고 덧붙였다.

"정말 그럴까?"

고문은 범법자를 심문하는 과정에서 관련 정보를 캐내는 최악의 수단이라고 전문가들은 말한다. 그런 이면에는 인권이 뒤따른다. 고문 찬성 내지 더 잔인한 수단을 강구하도록 하겠다는 트럼프의 주장은 여러 가지 중에서도 가장 잘못된 주장이라고 많은 사람이 지적했다.

그런 까닭은 최소한 미국은 선량한 박애주의 인권 중심 국가라는 관록과 전통을 쌓아 왔다. 그런 나라에서 그동안의 노력을 송두리째 던져 버리겠다는 선언과도 같은 일이라 거센 반발이 예상

되는 문제이다.

트럼프의 이런 정책들을 종합 분석해 보면, 트럼프가 진정으로 국익을 충분히 생각해서 정책들을 내놓는 것이 아니라, 단순히 인기 끌기 전략이라는 평가였다.

"미국은 세계의 경찰관이 아니다."라든가 "NATO는 미국에게 바가지를 씌우고 있다."라고 한 말들은 마치 미국이 세계에서 이용당하고 있는 것 같은 모습을 드러내려는 의도적인 발언이다. 이 발언으로 대부분의 미국 사람들을 화나게 만들어서 일종의 분노감을 조성한 후에 '미국을 다시 위대하게!'라는 구호에 동참하고 자신을 지지하고 자신에게 표를 던지게 하려는 속셈으로 밖에 볼 수 없다는 것이다.

트럼프의 이러한 외교 정책들은 보통 사람들 누가 봐도 허점이 너무나 명백히 드러나는 것들로서, 그가 진정으로 미국을 생각하고 있는지가 의심스럽다는 이야기이다. 그래서 대통령이 된 지금은 수정이 따를 수밖에 없다는 것이다.

CHAPTER

## 03

# 탁월한 용기

LEADERSHIP

# 01 PART
## 통 큰 배짱의 재주꾼

### 타의 추종 불허

트럼프는 통이 크고 배짱이 두둑한 사람으로 유명하다. 그런 면면은 부동산 사업에서 여실히 드러났고, 공화당 후보 유세장에서 거침없이 나타났다. 확실히 타의 추종을 불허할 정도로 배짱이 크고 두둑했다.

정곡을 찌르는 간결한 말, 짧은 문장으로 수많은 사람의 가슴을 파고드는 탁월한 재주꾼이다.

"큰일을 하다 보면 시련이 따른다. 그걸 감수하지 못하면 아무 일도 할 수 없다!"

트럼프를 좋아하고 절대 신봉하는 세이터가 어느 날 자신의 트위터를 통해 군더더기 없는 간단명료한 글을 올렸다.

"트럼프는 금세기의 위대한 대통령이 될 것이다!"

놀랍게도 이 글이 대박을 맞은 듯 날개를 달았다.

"좋아요! 트럼프 파이팅!"

"금세기 위대한 대통령 탄생, 축하해요!"

트럼프가 재치 넘치는 재주꾼이라는 말은 TV 프로그램을 진행할 때 이미 퍼졌다. 인기 TV 쇼를 14시즌 동안 진행하면서 유명 연예인으로 이름을 올렸다. 그뿐만이 아니다. 자서전으로 베스트셀러 작가가 되었고, 또 아버지에게 재산을 물려받은 금수저 아들로 부동산 억만장자가 되었으며, 미국 대통령이 되겠다며 열변을 토하고 마침내 꿈을 이루었다.

그가 대통령 선거 슬로건으로 내건 "미국을 다시 위대하게 만들겠다!"는 "메이크 아메리카 그레이트 어게인(Make America Great Again!)."은 그의 통 큰 배짱의 새로운 출발이자 거대한 정치 청사진이다.

## 코끼리의 기질

트럼프는 모든 일에 자신만만하다. 그는 공화당의 상징인 '코끼리의 기질'이라고 스타워즈가 평가했다. 흔히 사람들은 트럼프가 갑자기 큰돈을 번 졸부라고 평가한다.

그러나 그는 졸부는 아니라고 말한다. 졸부는 원래 갑자기 부자가 된 사람을 말하고, 갑자기 생긴 재산만큼 품격이 따라오지 못하여 손가락질 받을 행동을 하는 부자를 얕잡아 부르는 말이다.

그런데 트럼프는 할아버지가 자수성가로 기반을 다졌고, 아버지 때부터 큰 부자라는 평판을 받아온 터이므로 갑자기 부자가 된 것은 아니다. 다만, 남들이 말하는 행운아 금수저일 뿐이다. 대학에서 경영과 비즈니스를 공부하고 아버지 회사에서 후계자 수업을 받았으며, 여러 부동산 프로젝트를 성공시켰으므로 재벌 2세라 부르는 것이 옳다는 이야기이다.

워낙 돌발적이고 어처구니없는 언행을 쏟아내기 때문에 그렇게 놀림을 당할 뿐이다. 사업 경력으로 보면 이미 1980년대에 펴낸 자서전이 논픽션 베스트셀러가 되었을 정도로 성공한 사업가이다.

하지만 1990년대 무리한 투자를 했다가 그 당시 세상을 떠난 아버지에게 물려받은 재산으로 간신히 위기를 모면한 일은 있었다. 그러나 그것도 보란 듯이 복구했다.

트럼프는 스스로도 자수성가했다고 하지만 사실은 아버지에게서 100만 달러(약 11억 원)를 빌려 사업을 시작한 이래 탁월한 사업 수완으로 성공을 거듭한 인물이다.

'트럼프 기업'이라는 회사를 설립한 뒤 자신의 꿈을 펼치기 시작하였다. 부모에게서 돈을 받아 사업을 시작했지만, 그때 아버지의 재산은 3,000억 원 정도였으므로 아버지 재산으로 볼 때 11억

원은 푼돈에 불과한 액수였다.

현재 그의 재산은 현재 11조 원대를 훌쩍 넘어선 것으로 알려졌다. 부동산 사업에서 성공하기는 하였으나 사업에 성공했다고 해서 과연 훌륭한 대통령, 능력 있는 정치인이 될 수 있을까? 여기에는 여전히 의문이 따른다.

사업은 자기 이익을 얻을 목적으로 하는 것이지만, 정치는 개인 수익만 얻겠다고 했다가는 막장으로 치닫는다. 특히 정부 수반이라면 임기를 마치거나 죽어서도 잘한 일에 대한 칭찬보다는 잘못한 일에 대해 욕을 먹을 수밖에 없는 자리이기도 하다.

### 예상을 뛰어넘는 괴력

"트럼프는 대통령병에 걸린 욕심 많은 부동산 거물이다."

그가 2015년 봄에 제45대 공화당 대통령 후보 경선에 출마하고 싶다는 의사를 밝히면서 공화당 후보로 대통령 선거에 뛰어들었을 때 많은 사람이 쏟아낸 말이다. 하지만 트럼프는 일반의 예상을 보기 좋게 깨트렸다.

그가 처음 예비 경선 출마를 선언했을 때만 해도 미국에서는 그 어떤 언론이나 정치 전문가들도 그가 공화당 후보로 승리할 것이라고는 생각하지 않았다.

그러나 2015년 여름부터 반히스패닉 발언들을 연속 쏟아내면서 인기가 하늘로 치솟았다. 출마 선언 때부터 "멕시코 이민자들은 강간범이다!", "멕시코가 돈을 내도록 해야 한다!"라는 말로 정치적 포문을 열기 시작하였다. 그의 독특한 히스패닉 발언은 금세 미국 사회 속으로 파고들면서 화제가 되었다.

공화당은 가장 최근의 여섯 차례의 대통령 선거에서 무려 5번을 득표수에서 민주당에게 졌다. 공화당은 그 원인이 바로 히스패닉의 표를 잃어서 그렇다고 판단하고 2013년에는 미국의 불법 이민자들, 특히 히스패닉들에게 점차적으로 영주권을 주고 한 걸음 더 나아가서는 시민권을 주겠다고 나섰지만 이 법안은 통과되지 못했다.

그런데 트럼프가 첫 연설부터 멕시코 사람들을 강간범으로 규정하고 나서자, 공화당은 대선 참패의 고질적인 암적 요소가 된 히스패닉 징조가 다시 살아나는 것 아니냐며 표를 대거 잃을 것이라고 우려하는 목소리가 높았다.

히스패닉들은 이미 민주당이 이길 가능성이 높은 주들이나 공화당이 이길 가능성이 높은 주들에 몰려 있어 그다지 영향력이 크지 않다고 볼 수도 있겠지만, 공화당 지도부에서는 조지 워커 부시의 2000년대 초반의 승리들이 따듯한 보수를 제창하며 히스패닉들에게 어필했기 때문이라고 보았던 것이다.

그들은 푸에르토리코 주민의 3분의 1을 차지하고 뉴욕에도 상당수가 있다. 그들은 불법 입국을 통해 미국으로 들어온 뒤에 저임금 노동자로 여러 곳에 퍼져 있다. 자신들과 관련된 어떤 일이 벌어지면 금세 단결력을 보이면서 정치적인 반응을 불러일으킨다는 점이 특징이다.

**Point**

# 히스패닉

히스패닉은 그 자체가 미국에 거주하고 있지만 에스파냐어를 모국어로 사용하는 사람들을 일컫는 말이다. 그러나 그 말의 뿌리는 미국에 거주하고 있는 멕시코 계통의 푸에르토리코 사람들을 가리키는 말로 흔히 캐리비언 블랙이라 하여 문제성을 띠고 있는 사람들로 표현되고 있다.

## 02 PART
# 트럼프의 매력

### 서민 정치 선언에 환호

"트럼프는 무엇으로 인기를 끌고 있을까?"

가장 먼저 드러나는 것은 그가 서민 정치를 선언하고 나선 점, 외국 전쟁에서의 중립주의 선언, 미국 서민 경제가 나쁜데도 이라크전쟁을 일으키고 엄청난 돈을 쏟아 부었다고 부시 정부를 형편없이 내리치는 말을 거침없이 하여 낮은 사람들, 보통 사람들의 마음을 후련하게 해 주었다는 점 등이다.

외국에서 일어나는 전쟁에 미국의 군사적 개입주의를 서서히 중단하고 중립주의로 가겠다는 의지, 바로 이 점이 트럼프의 전체적인 메시지로 미국 사람들의 관심을 불러일으켰다.

지금 미국 서민 경제가 무척 안 좋은 최악의 바닥 상황인데, 전쟁으로 돈을 엄청 퍼부어서 국민들이 분노에 차 있던 차에 트럼프가 그런 심리를 자극하는 발언을 거침없이 쏟아 내어 일약 스타로 떠오른 것이다.

그런 패기 넘치는 트럼프를 젊은 청년들이 영웅처럼 바라보면서 대통령으로 선택한 것이다. 특히 젊은 백인들과 흑인들은 트럼프를 대놓고 지지하는 모습으로 보였다. 그런 이유는 이들이 경제 침체로 직장을 얻지 못하거나 저소득층으로 내몰린 가운데 불법 이민자들한테 일자리를 가장 많이 뺏긴 계층이 된 까닭이다.

불법 이민자들은 단속하고 내쫓아 주기를 은근히 바라고 있던 차에 트럼프가 불법 이민자 단속을 강화하겠다고 나섰으니 이들이 전폭적으로 환영할 수밖에 없었다. 그래서 트럼프의 지지를 마음속으로 결정하였고, 투표로 나타낸 것이다.

또 하나의 이유는 기존의 정치인들은 신진 정치인들과 달리 여러 가지 비리에 연루되어 있다는 불미스러운 일이 연속 터져 신망을 잃어가고 있는데, 트럼프는 부정한 정치 자금을 받고 정치하는 기성 정치인들을 사정없이 몰아쳤다.

트럼프는 처음부터 자기 자신은 공화당에 충성을 맹세할 수 없다는 말까지 했다. 그게 민주당 대 공화당 양당 모두의 정치에 진저리가 난 미국인들에게 매우 충격적이고도 새롭게 다가온 것이다.

대선 정국에서 널리 회자되었던 말이다. 설마 그럴 리가 있을까? 하고 우려했던 그의 막말은 철저하게 계산된 것이라는 뉴스가 퍼지면서 트럼프의 막말 행진은 더욱 열을 내뿜었다.

**"트럼프의 막말은 철저한 계산에서 나온다!"**

막말을 일삼는 트럼프가 공화당 대선 후보로 확정된 것을 두고 말들이 많았다. 지금 미국에서는 "트럼프가 여기까지 오게 된 것은 철저하게 전략적인 캠페인의 성공!"이라고 진단한 것이다.

트럼프의 유세 현장을 직접 찾아다니면서 밀착 취재를 했던 언론들은 "트럼프는 앞뒤가 맞지 않는 말에 막장 발언도 서슴지 않았다. 인종 차별적인 발언이 서슴없이 쏟아져 나왔고, 입에 담기 거북한 막말도 거침없이 발설했다."라고 보도했다.

트럼프의 인기는 바로 이러한 점에서 비롯되었고 지지도는 크게 뛰어올랐다. 말하자면 젊은 백인들로 가득 찬 유세장에서 그들의 울분을 자극하고 분노를 건드리는 방식이었다.

"트럼프는 유세장에서 백인들에게 '너희들이 직업이 없고 힘든 이유가 히스패닉과 아시아계 때문'이라는 말로 그들을 자극하고 흥분시켰다."라고 언론은 전했다.

그런데 문제는 이러한 막말이 단순한 막말만은 아니라는 것이다. 그의 막말은 이처럼 천박하고 저질스럽게 해야 지금까지 정치에 별로 관심도 없고 조용히 있었던 백인 중하층 유권자들을 투표장으로 끌어낼 수 있다는 철저한 계산에서 이어진 전략이라는 것이다.

실제로 유세 현장에서 젊은 백인들과 흑인들의 표정을 정확하게 읽었고 그 표정을 바로 파악한 트럼프는 그의 계산적 전략이 먹혀든다는 것을 알고 나름대로 막말 시리즈를 더욱 줄기차게 전개한 셈이라고 언론들은 진단했다.

# 03 PART
## 마초이즘 시대의 주역

### 사회에 필요한 인물이 되자

트럼프를 가리켜 '마초이즘 시대의 주역'이라고 일컫는다.

지금 국제사회에서는 세계를 지배하는 '마초이즘' 지도자의 이름은 쉬지 않고 이어진다. 이쯤 되면 '마초남'이 전 세계를 손에 쥐고 흔들어 댄다는 말과도 같다.

'마초이즘'의 주역들은 러시아의 푸틴부터 미국의 트럼프까지…. '마초남'이 화려하게 부활하고 있다는 말들이 유행한다.

시진핑 중국 국가 주석, 압델 파타 엘시시 이집트 대통령, 레테프 타이예프 에르도안 터키 대통령, 나렌드라 모디 인도 총리, 빅토르 오르반 헝가리 총리, 로드리고 두테르테 필리핀 대통령까지 줄줄이 거론되고 있는 것이다.

이런 마당에 미국의 세계적인 부동산 재벌 트럼프가 대통령 후보로 나서자 미국 언론들은 이렇게 꼬집었다.

"마초이즘이 국제적인 트렌드가 되었다. 19세기 정치사를 주름잡던 독재형 리더십이 부활하고 있다."

영국 일간 신문 파이낸셜타임스(FT)도 '강한 스트롱 맨의 부활'이 국제 정치 트렌드가 되고 있다."라고 진단했다. 파이낸셜타임스 경제 칼럼니스트 마틴 울프도 칼럼을 통해 트럼프와 같은 스트롱 맨이 새로운 지도자로 선망받고 있는 이유가 "그만큼 미국 사회의 양극화가 극심하고 미국 중산층이 추구하는 가치와 평등, 그리고 이들이 미국 사회에 발휘했던 영향력이 약해졌기 때문"이라고 분석하였다.

이들 신문의 기사 흐름은 푸틴에서 시작된 마초 맨·스트롱 맨의 퍼즐 조각이 트럼프 열풍으로 완성되었다는 것이다.

더구나 많은 젊은 사람들은 이들 '마초남'들에게 열광한다. 근육질 영웅 '캡틴 아메리카'와 헐크의 출동으로 건물이 붕괴되고 도시가 사라져도 "날 필요로 하면 언제든 달려가겠어."라는 말 한마디에 관객들이 매료되는 것과 마찬가지 현상이다.

### 마초이즘의 현상

"그렇다면 안하무인격 '마초이즘' 지도자는 누가 만들었나?"

마초남들의 공통점은 분노하면 할수록 이성을 잃고 강해지는 영화 속의 헐크와 닮은꼴이다. 자신이 옳다고 생각하면 묻거나 따질 것도 없이 밀어붙이고 강력하게 추진하는 마초이즘에 사람들이 열광하는 것도 그 때문이다. 사회가 혼란스럽거나 경제가 침체되어 국민들의 삶이 팍팍해지고 윤기를 잃어갈 때 폭발적인 매력을 발휘한다는 것이다.

마초의 범위는 다양하다. 좀 더 극적인 남자다움을 보여 주는 것이 대표적인 경우이다. 그들은 남성으로의 권리가 위험한 모험을 즐기는 것이라고 믿고 있다. 따라서 여성들은 남성들처럼 밖에서 위험한 일에 부딪히지 말고 집안에서 어머니 또는 아내로서의 역할을 해야 한다고 생각한다.

이러한 생각 때문에 사람들은 남성이 여성보다 우위에 있다고 생각하여 때때로 가정 폭력의 원인이 된다고 보고 있다. 오늘날 전 세계의 마초는 단지 스페인 문화만이 아니다. 국가에 따라서 다를 수도 있다.

남아메리카 국가에서는 대접을 받는 뜻으로 사용되기도 한다. 반면에 2004년 에스파냐 정부와 매체는 마초 행위를 악명 높은 가정 폭력의 원인으로 꼽았다.

미국 의회조사국 외교협회(CFR) 한 연구원은 이와 관련하여 "오늘날의 민주사회에서는 전반적으로 사회적 안정을 위해 민주주의보다는 강력한 리더십을 가진 지도자를 찾는 중산층이 늘고 있다.”라고 밝혔다. 사회가 불안할수록 사람들은 토론보다는 가시적인 결과를 강하게 추진할 수 있는 지도자를 더 바란다는 이야기이다.

두테르테 필리핀 대통령은 단순히 ‘범죄 척결’과 ‘막말’로 인기를 얻은 것이 아니다. 그는 필리핀의 부정부패, 부의 편중, 범죄의 근절을 위한 극단적인 정책을 거침없이 쏟아 냈다. 그가 강경 대응을 통해 필리핀 남부의 민다나오 섬, 유명 도시 다바오 지역을 필리핀에서 가장 안전한 지역으로 만든 성과는 필리핀 국민들의 지지를 이끌어내기에 충분한 조건반사였다.

싱가포르 건국의 아버지로 추앙받으면서 가난한 나라를 아시아 최고의 부자 나라로 만든 싱가포르의 스트롱 맨 리콴유가 눈을 감을 때까지 높은 인기를 지탱한 이유도 바로 마초이즘에 있었다는 것이다.

“공장 재가동 합의서에 서명하라.”고 윽박지르며 합의문과 펜을 집어던진 사건은 지구촌 사람들에게 널리 회자된 일이다. 이는 러시아 블라디미르 푸틴 대통령과 2009년 시멘트·알루미늄 공장 가동을 중단시킨 러시아 최고의 부호 올레그 데리파스카 사이에 있었던 사건이다.

Point

# 마초이즘

마초(macho)는 스페인어에서 온 명사로서 지나친 남자, 거친 남성을 가리키는 말이다. 스페인에서 마초라는 단어는 용기 있는 남자를 일컫는 말이다.

마초이즘은 양성 평등을 부르짖는 운동인 페미니즘의 반대되는 말로서 남성 우월주의를 말하는 것이다. '남성이다, 여성이다, 남녀평등이다.' 하고 따지면 페미니즘도 여성 우월주의를 내세워야 된다는 논리이다.

여기서 '왜 페미니즘은 양성 평등이고 마초이즘은 왜 남성 우월주의라고 하는가?'라는 문제가 일어나고 있다. 사실적으로 현대 사회에서 살아남기도 여자가 더 유리하고 여자에게 더 좋은 점이 많다고 생각한다.

# 04 PART
## 간접 선거제도

### 11월 첫째 화요일 대선

미국 대통령 선거에 대해 미국 연방헌법은 간접 선거제로 하며, 선거일은 11월 첫째 월요일 다음 화요일로 규정하고 있다. 이에 따라 2016년 대통령 선거는 11월 8일 본선거가 치러졌다. 유권자가 대통령을 직접 선출하는 것이 아니라 각 주를 대표하는 대통령 선거인단이 대통령을 선출하는 투표를 한다.

미국은 특이하게 주별 투표에서 1표라도 많은 표를 얻은 후보가 그 주의 선거인단 전체를 가져가는 승자독식제를 채택하고 있다. 예외로 메인 주와 네브래스카 주는 득표수에 비례해 선거인단을 할당하고 있다.

이 때문에 전체 득표수에서 설사 앞지른다 해도 과반 선거인단을 차지하지 못하면 최종 선거인단 투표에서 패하는 경우가 생길 수도 있다.

왜 이토록 까다롭고도 특이한 제도를 택한 것일까? 그 까닭은 독립 후 연방을 구성하면서 작은 주의 권리도 보장해 주기로 합의했기 때문이다. 이러한 원칙에 따라 미 의회의 경우 상원은 모든 주에 동일하게 2석씩 배정하고 있지만, 하원은 인구에 비례해 의석을 배정하고 있는 것이다.

대선에서도 큰 주에 유리한 국민 직선제도 아니고, 작은 주가 요구하는 의회 간접 선거도 아닌 선거인단 제도가 만들어졌고 이를 철저하게 지키고 있다.

## 간접 선거의 명암

미국 국민들은 대부분 자신이 속한 각 주의 대의원을 선출한다. 이를 흔히 '미국 대통령 선거'라고 부른다. 이렇게 선출된 각 주의 대의원들이 모여서 미국 대통령을 선출한다. 주가 아닌 지역은 대선의 선거인단 선출권이 없다는 것도 특이하다.

50개 주 가운데에서 메인과 네브래스카를 뺀 48개 주는 승자 독식이라는 특이한 방법으로 선거인단을 선출하며, 승자가 그 주의 모든 선거인단을 갖는다. 메인과 네브래스카 주는 비례 배분 방식을 채택하고 있다. 주민 득표수에 따라 선거인단 수를 나누는 방식이다.

선거인단의 수는 각 주의 하원의원과 상원의원을 모두 합친 수이다. 상원의원은 각 주당 2명이고, 하원의원은 인구가 많을수록 그 숫자도 많아진다. 예를 들면 캘리포니아 주의 선거인단은 55명이지만, 버몬트, 알래스카, 델라웨어, 몬태나, 와이오밍, 노스다코타, 사우스다코타 주 등은 3명이다. 435명 하원의원과 100명의 상원의원, 그리고 워싱턴 D.C.에 있는 3명의 선거인단까지 합해 모두 538명이다.

전국 득표에서 지고도 대통령이 된 행운의 스타도 있었다. 전체 유권자의 직접 투표 득표에서는 앞서면서도 선거인단 수에서는 뒤져서 대통령에 선출되지 못한 경우가 미국 역사상 4번 있었다. 가장 최근의 경우가 2000년 미국 대통령 선거였다.

전체 국민의 직접 투표에 의한 득표에서는 민주당의 앨 고어 후보가 앞섰지만, 선거인단 수는 조지 W. 부시가 앞서면서 부시가 대통령으로 당선된 것이다. 그 앞에 실시된 1824년 대선 때의 민주공화당 존 퀸시 애덤스 대통령, 1876년의 공화당 러더퍼드 B. 헤이스 대통령, 1888년의 공화당 벤저민 해리슨 대통령도 이러한 사례였다.

## 이상한 선거의 결과

"선거는 표 싸움인데, 트럼프는 표 대결에서 지고도 어떻게 대통령에 당선된 걸까?"

참으로 이상한 선거제도이다. 세계의 관심을 끈 제45대 미국 대통령 선거는 선거 하루 전날까지도 여론은 힐러리의 당선을 예상하였다. 미국에서도 사상 처음으로 여성 대통령, 남편의 뒤를 이은 아내 대통령이 탄생될 것이라고 점찍고 있었다.

그런데 그런 예상도 기대도 모두 빗나갔다. 트럼프는 힐러리보다 약 210만 표를 덜 얻고도 대통령이 되는 기적을 낳았다. 트럼프는 총 538명의 선거인단 가운데 절반이 넘는 306명을 차지해 대통령에 당선되었다.

이는 주별(州別) 투표에서 승리한 후보가 그 주(州)에 배정된 선거인단을 모두 차지하는 방식의 승자독식(勝者獨食) 선거제도의 탓이다. 트럼프는 이번 미국 대선에서 6,231만 표를 얻어, 6,441만 표를 얻은 힐러리에게 표 숫자에서는 210만 표 이상 밀렸다. 그런데도 트럼프가 대통령에 당선된 것이다.

승자독식제는 가령 A 주에 10명의 선거인단이 배정되었는데 공화당이 민주당보다 1표라도 많으면 A주의 선거인단 10명을 모두 가져가는 희한한 선거제도이다. 이 제도는 1787년 9월 17일 헌법을 만든 회의에서 주(州) 상원과 하원의원 수만큼 선거인단을 뽑도록 결정한 것이다.

트럼프의 당선은 막말을 쏟아 내어 성난 백인들의 마음을 휘어잡은 것이라고 평가되었다. 재미있는 현상은 트럼프와 힐러리의 대결에서도 인공지능 알파고와 이세돌 9단의 바둑 대결과 같은 현상이 나타났다.

인공지능 '모그 IA'는 지난 세 차례 미국 대선 결과를 모두 맞혔다. 그러나 지금은 이 여론조사 방식도 옛날 것이 되어 진부하다는 사실이 드러났다. 여론조사는 주어진 데이터를 기반으로 한다. 여론조사는 "트럼프와 힐러리 중 누구를 대통령으로 선택할 것인가?"라고 물었다.

여기서 가치를 생각하는 인간의 두뇌는 속마음을 감추고 내숭을 떨었지만, 기계는 수집한 데이터 2,000만 가지에 나타난 후보 관여도를 분석했다. 인간들은 "왜?"라는 질문을 던졌다. 그 질문에 트럼프가 대답했다.

"힐러리가 대통령이 된다면 미국 최초의 여성 대통령이 탄생하고 남편에 이어 아내도 대통령이 되는 진기록을 남긴다. 그러나 내가 이기면 미국의 역사를 새롭게 다시 쓴다."

여론조사는 "트럼프가 이기면 미국의 막말 대통령이 될 것"이라는 말까지 나오게 만들었다. 문제는 미국인들은 '유리 천장'을 깨겠다는 여성 대통령을 선택하지 않고 막말을 퍼붓고 기이한 행동을 일삼은 부동산 거부를 새 지도자로 선택하였다. 선거의 반란일까? 불만을 쏟아낸 것일까?

인공지능 시대, 인터넷과 SNS 시대에 성난 백인들은 PC와의 전쟁을 선포한 트럼프에게 열광하면서 행동으로 그들의 마음을 보여 주었다.

"인간에게 중요한 것은 차가운 기계의 예측에 끌려가는 것이 아니라 '왜?'라는 질문을 던진 뜨거운 심장을 가진 인간을 중요하게 여기고 그를 선택하였다."

## 정교화되지 못한 선거 구호

트럼프는 정교화되지 못한 선거 구호로 유권자들의 마음을 사로잡고 대통령으로 당선되었다. 그러나 백악관에서 바라본 세계는 선거 구호와는 다른 세계라는 것을 깨달았다. 그래서 이런 선거용 구호들의 대폭 수정이 불가피하다는 전망이 나오고 있다.

그동안 트럼프가 외쳤던 한반도 관련 구호들은 대충 이렇다.

▶ 한국은 잘 사는 나라인데 방위비를 너무 적게 쓴다.

▶ 주한 미군 주둔 비용을 한국이 다 부담하라.

▶ 그렇게 하지 않는다면 미군을 철수시키겠다.

▶ 그럴 경우 한국은 핵무장을 해도 된다.

▶ 한미자유무역협정(FTA)을 폐기하거나 재협상하겠다.

▶ 북한 김정은은 미치광이 인간이다.

▶ 김정은과 햄버거를 먹으면서 대화하겠다.

트럼프는 이런 말들은 거침없이 쏟아 냈다. 그리고는 당선된 뒤 한국 대통령의 축하 전화를 받으면서 "한국과는 100% 함께 한다."라는 통쾌한 말을 하였다.

트럼프가 백악관에서 바라본 태평양은 예측할 수 없는 너른 바다, 산더미 같은 파도가 언제 일어날지 모르는 바다지만 여전히 파란 바다라는 것을 다시 보았고, 그 태평양 건너 아시아, 한반도의 지형적 위치와 비중이 미국과는 크게 다르다는 것을 다시 확인하고 있는 것이다.

# 05 PART
## 널뛰는 여론조사

### 여론조사는 불확실

수학을 못하는 아이들이 수학을 잘하는 아이들보다 부자가 될 가능성이 더 낮은 것으로 나타나 화제가 된 일도 있었다. 경제심리학저널연구소가 지난 5년간 1,000명의 독일 성인을 대상으로 설문조사하고 분석한 결과 어렸을 때 수학 성적이 좋지 않았던 학생은 성인이 돼서도 금리 계산, 수수료 등의 계산에 취약해 부를 축적하지 못하는 것으로 나타났다는 이야기였다.

이 말이 이번의 미국 대선에서도 이슈가 되었다. 아마도 트럼프를 빗대어 하는 말 같다는 것이다. 사실 트럼프는 사업적 두뇌는 힐러리를 앞서지만, 정치적 감각은 힐러리가 더 앞선다는 것을 의미한다는 것이다.

미국 대선에서도 힐러리와 트럼프 지지율 여론조사는 박빙의 상태가 이어진 적도 있었지만 대체로 힐러리가 앞섰다. 여론조사라는 것이 사실상 어디까지 확실한 것인지는 알 수 없지만, 막연하나마 가시적인 숫자로 나타나는 것이 여론조사 결과이기 때문에 큰일을 앞두고는 그래도 믿을 수밖에 없지 않느냐고 말하는 사람들이 많았다. 그러나 결과는 그 반대였다.

여론조사 전문기관으로 이름난 월스트리트저널(WSJ)이나 NBC 뉴스의 5월 공동 설문조사에서는 힐러리와 트럼프의 격차가 불과 3% 포인트로 박빙을 보였다. 이러한 결과는 사실상 미국의 대선 후보인 힐러리 민주당 후보와 트럼프 공화당 후보의 지지율이 초접전을 보였다는 분석이었다.

WSJ와 NBC 뉴스가 함께 진행한 이 설문조사에 따르면 힐러리를 지지한 유권자는 46%, 트럼프 후보를 지지한 유권자는 43%를 기록한 것으로 나타났다.

이에 앞선 4월 여론조사에서는 힐러리 후보가 11% 포인트 차이로 트럼프 후보를 앞질렀지만, 한 달 뒤에는 그 차이가 오차범위인 3% 포인트밖에 나지 않는 것이었다. 결국, 한 달 만에 두 후보의 지지율이 시소게임을 펴듯 접전을 보였다는 말이다.

힐러리의 지지율은 내려앉았고 트럼프 후보의 지지율이 가파르게 올라섰다는 이야기이다. 실제로 공화당 내 트럼프의 지지율은 4월 중순 72%에서 한 달 뒤에는 86%까지 올라선 상태였다.

## 여론조사 '무용론' 등장

한 가지 흥미로운 일은 힐러리와 트럼프 두 후보에 대해 대다수 유권자들이 모두 호감을 별로 갖고 있지 않는다는 반응이었다. 실제로 힐러리 후보에 대한 비호감도는 54%에 달했고 트럼프 후보에 대한 비호감도 역시 58%로 나타났다.

이는 응답자의 절반 이상이 두 후보를 별로 좋아하지 않는다는 셈이다.

대선 과정 내내 미국의 주요 언론 및 조사기관들은 대부분 힐러리의 승리를 점쳤다. 대선 하루 전날에는 힐러리의 승리 확률에 대해 '선거 족집게'로 이름을 떨쳤던 파이브서티에이트(538)는 72%, 뉴욕타임스는 85%라고 했고, 프린스턴 선거 컨소시엄 등에서는 99%라고 예상했다.

결과는 트럼프가 예상을 뒤엎고 압승을 거두면서 당선되어 판도를 뒤바꾸어 놓았다. 다만 LA타임스와 USC 등 극소수에서는 트럼프의 승리를 점쳤다.

그러자 미국에서는 "여론조사 믿을 수 없다.", "체면 구긴 여론조사"라고 흥분하면서 "여론조사 보도는 전혀 가치가 없다."라며 '여론조사 무용론'이 빗발쳤다.

그런 연유는 트럼프의 지지 계층인 저소득 백인들과 정치적 성향을 밝히기를 꺼리는 트럼프 지지자들이 여론조사 때는 마음을 숨긴 채로 힐러리를 지지하는 것처럼 의사를 밝히고 실제 투표에서는 트럼프를 지지하면서 높은 투표율을 보여 주었다.

이런 심리 현상에 대해 미국 언론들은 "부끄러워하는 트럼프 투표자들이 스텔스 투표를 했다."라고 표현하였다. 그런 현상은 1982년 캘리포니아 주지사 선거에서도 나타났다. 그때 흑인 후보 토머스 브래들리는 여론조사에서는 앞섰지만 백인 후보에게 지고 말았다. 이를 가리켜 '브래들리 효과'라고 하였다.

트럼프 자신도 선거운동 기간 중에 "여론조사 기관이나 언론들이 나에게 불리한 결과만을 골라서 발표한다. 하지만 나는 반드시 승리할 것이다."라면서 "영국이 유럽연합에서 탈퇴할 때의 '브렉시트' 현상처럼 예상 밖의 결과가 나올 것"이라고 자신감을 나타냈었다.

그러한 트럼프의 말을 그때는 아무도 믿지 않았지만 트럼프의 주장처럼 예상 밖의 결과가 나오자 미국에서는 "미국판 브렉시트가 벌어졌다."라는 반응이 쏟아졌다.

여론에 밀리지 않으려는 트럼프의 대담성, 확실한 자신감의 두둑한 배짱이 그를 승리로 이끌었고 결국 백악관의 주인공이 되게 한 원동력이었다.

## 유색 인종 차별 발언

트럼프의 유세 현장에서 유색인이라는 이유로 쫓겨나는 사건도 있었다. 아이오와에서 유세가 열리고 있을 때 어떤 유색 인종 젊은이가 트럼프의 연설을 듣다가 쫓겨났다고 언론이 전했다. 그때 유세 현장에는 실제로 백인들만 있었다고 한다.

이런 곳에서 히스패닉과 다른 유색 인종들을 싸잡아 욕하면 인기가 올라간다고 여겼다. 실제로 이러한 말들은 학력이 낮거나 시골에 거주하는 백인들에게 먹혀들어 갔다.

미국 제45대 대통령 자리를 놓고 민주당의 힐러리와 공화당의 트럼프가 맞대결로 불을 뿜어댄 가운데 유색 인종 시비가 붙은 것이다. 그러나 이번 미국 대선 유세 기간 중에는 트럼프가 항상 밀리는 분위기였다.

트럼프는 지금 대통령으로서 미국은 물론 지구촌에서도 화제의 인물로 떠올랐다. 많은 사람이 트럼프가 모든 뉴스 중심에 서 있다고 보면서, 트럼프가 여기까지 오게 된 것은 철저하게 전략적인 대선 캠페인의 성공이라고 여겼다.

# CHAPTER

# 04

# 놀라운 집념

LEADERSHIP

# 01 PART
# 위기를 기회로

## 히스패닉의 거센 바람

트럼프는 공화당의 예선 경선 초기에서 한때 고전을 겪었다. 트럼프에게는 히스패닉 유권자들의 지지를 받느냐? 받지 못하느냐? 하는 문제가 매우 심각한 상황으로 등장했다. 젭 부시가 조지 워커 부시의 동생이라는 사실이 미국 공화당의 대선 경선 주자였던 그에게는 매우 치명적인 핸디캡이었다.

그런 상황에 있으면서도 유력한 공화당 대선 후보로 떠오른 이유가 무엇일까? 젭 부시가 스페인어에 능숙하고 라틴 아메리카학을 전공했으며, 아내가 히스패닉이라 히스패닉 유권자들의 지지를 얻을 수 있다는 계산 때문이다.

미국 인구조사에 따르면, 히스패닉 인구 비율이 20% 이상인 주는 캘리포니아, 네바다, 뉴멕시코, 애리조나, 텍사스 등이다.

캘리포니아는 민주당 텃밭이므로 제외한다고 해도 히스패닉 표가 전부 민주당 쪽으로 넘어갈 경우에는 공화당이 자기 텃밭으로 여기는 나머지 주 4군데에서도 밀리게 되어 결국에는 선거인단이 무려 60명까지 날아갈 수도 있다는 끔찍한 계산이 나왔다.

또 텍사스는 어떤가? 다만, 텍사스의 경우 2012년 텍사스 인구 2,613만 명 가운데 히스패닉이 1,008만 명으로 인구의 38.57%를 차지하였다. 그러나 2015년 텍사스 인구 2,769만 명 가운데 히스패닉이 1,108만 명, 인구의 40%로 히스패닉 인구가 1.5% 정도 증가한 지역이다.

결국, 지난 대선의 15%가 넘는 차이가 2016년 대선에서 바로 좁혀질 가능성은 높지 않다는 분석이다. 늘어난 히스패닉이 전부 민주당을 찍지는 않는다 해도 보통 히스패닉의 정당 지지는 민주당 7 대 공화당 3 정도의 차이를 보인다는 문제이다.

텍사스는 히스패닉이 많은 대신에 인구 45.3%의 유권자 비율, 투표율 등을 감안한 실질 투표 영향력은 48% 정도의 백인이 공화당 후보에게 73% 몰표를 주는 곳으로 유명하다. 전국 평균 백인 공화당 득표율 59%보다 14%나 높았다.

게다가 선거권자로는 텍사스 주가 39%인데 여기에다가 투표율을 감안하면 35% 정도의 영향력을 가진 히스패닉의 경우 신규 유입보다 옛날 19세기 멕시코와 미국 전쟁 전후부터 살아온 히스패닉이 많고, 백인 계통의 히스패닉이 대부분이라 그들이 민주당에게 몰표를 주는 성향도 아니라는 반응이다. 2012년 대선의 경우 텍사스에서 공화당은 히스패닉으로부터 39%를 득표한 곳이다.

애리조나 선거인단 11명도 2012년 대선에서는 공화당이 제법 큰 차이로 이긴 곳인데, 히스패닉 인구가 당시 30%에 비해 2015년 현재 30.5%로, 히스패닉이 거의 늘지 않은 곳이다. 히스패닉의 낮은 유권자 등록률, 낮은 평균 연령, 낮은 투표율을 감안할 때 히스패닉의 영향력은 18% 정도로 보면 적당하다.

게다가 대통령 선거 때마다 92~95%씩 몰표를 던져 준 흑인의 유권자 비중이 5%가 안 돼서 전국 평균 비중 13%보다 훨씬 낮은 곳이다. 완전한 텃밭이라고 하기까지는 무리지만 아직까지는 공화당 우세 지역으로 꼽혀 왔다.

다만, 2012년 대선에서 민주당이 승리한 뉴멕시코와 네바다의 경우, 히스패닉이 그간 더 늘면 늘었지 줄지는 않았으니 확실히 공화당으로서는 2016 대선에서도 어려운 승부가 될 것으로 보이는 곳이다. 뉴멕시코의 경우 인구의 47.7%가 히스패닉으로 캘리포니아에 비해 인구가 적은 곳인 대신에 미국에서는 히스패닉 인종의 비율이 가장 높은 곳이기는 하다.

그런 상황에서 해야 될 말과 해서는 안 될 말을 가리지 않고 막말을 하는 것 자체가 선거에서 이기기 싫다는 발언이나 다를 바

없다는 이야기로 비춰졌다.

골수 지지자들에게 어필해 여론을 유리하게 끌고 가는 것도 무척 중요한 과제였다. 하지만 그들의 숫자는 한정되어 있으며, 정작 전 국민을 대상으로 하는 대선 게임에서는 너무도 골통을 때리는 일이라고 트럼프는 털어놓았다.

강성 보수 성향을 가진 히스패닉도 무시할 수 없는 존재이다. 트럼프가 내세운 출생 시민권 헌법 개정에 대해 여론조사를 한 결과, 찬성 비율에서 히스패닉 인종의 경우 23%가 헌법 개정에 찬성한 반면, 그대로 유지하자는 사실상의 반대쪽이 찬성하는 쪽의 3배가 넘는 73%에 이르렀다.

흑인도 중요한 영향력을 미친다. 흑인은 전 국민의 25% 정도이지만, 그들은 민주당의 고정 텃밭으로 꼽힌다. 대선에서 민주당이 92~93%, 공화당이 6~8% 얻는 것이 보통이다.

# 02 PART
## 트럼프의 한국 시각

"한국인들은 좋은 친구"

"한국을 바라보는 트럼프의 눈높이는 어떤가?"

트럼프 대통령은 이런 말을 곁들였다.

"한국의 제품들은 매우 훌륭하다. 한국 사람들은 우리의 좋은 친구이다."

트럼프는 "한국은 미국의 군사 지원으로 수억 달러를 벌어들이지만 미국은 얻을 수 있는 게 없다."라고 유세 과정에서 강조하였다. 이 말에 대해 많은 사람이 그의 발언은 지금까지의 한·미 동맹에서 상당히 벗어나는 말이라고 지적하였다. 지금까지의 관계에서 벗어난 정도가 아니라 힘차게 달리던 열차가 철로를 탈선한 것과 같다는 말이다.

또 "김정은은 미치광이와 같다. 미치거나 천재, 둘 중 하나다."

라는 말도 하였다. 그러면서 "한국은 위대하고 훌륭하다. 내가 하는 일과 관련해 TV 4,000대도 방금 주문했다. 삼성, LG 등 이런 제품은 다 한국서 오는 것이고 그들은 막대한 돈을 번다."라고 말했다.

그의 이 말을 다시 해석한다면 "한국이 뭐가 부족해서 미국의 군사 지원이 필요한가?"라는 말이 된다는 것이다. 그의 이런 말은 이미 4년 전인 2012년 미국 대선 때에도 있었다. 그때 공화당 대통령 후보 경선에 나섰던 론 폴 역시 똑같은 취지의 말을 했다.

그는 당시 지지율 1위를 달리고 있었다. 그러나 그는 대통령으로 당선되지 못해 그 발언 자체가 아무 빛도 보지 못하고 사라졌다. 그런데 이번에 거의 똑같은 말을 한 트럼프의 인기는 그때와는 다르다는 데 초점이 모이고 있다.

"트럼프가 왜 그런 말을 했을까?"

트럼프의 이러한 생각에 대해 의문을 제기하는 사람들이 많다. 아마도 그는 한국에 대하여 잘 알지 못하고, 한국의 실정을 제대로 파악하지 못하였으며, 더구나 군사적으로 남북이 대치하고 있는 상황을 모르면서 공화당 대선 후보가 된 뒤에 표를 얻기 위한 방책의 하나로 한국 문제를 끌어들여 급조해서 만든 발언이라고 생각하는 한국인들이 대부분이다.

## 안보 무임승차론 시비

트럼프가 미국 대통령에 당선됨으로써 대한민국과 미국의 관계는 상당한 변화가 일어날 것이라는 전망이 많다. 그런 까닭은 그가 유세 과정에서 한국의 안보와 관련된 문제에 대해 예상 밖의 말들을 쏟아 냈기 때문이다.

가장 먼저 우리들의 피부에 와 닿은 그의 말은 "한국이 미국의 군사적 보호에 무임승차하고 있다."라는 말이다. 사실 우리나라는 지금 남북이 분단된 채 북한과 전쟁 아닌 전쟁을 계속하고 있는 상황이다.

북에서는 지금 핵을 개발하고 실제로 보유한 것으로 알려졌다. 북한은 기회 있을 때마다 '무슨 전쟁 무기를 시험 발사한다'면서 대한민국을 협박하고 있다.

"한국이나 사우디아라비아 같은 나라들은 미국을 상대로 엄청난 돈을 벌고 있다. 그런데 왜 우리가 돈 뜯기는 것도 모자라서 그들을 도와줘야 하나?"

더구나 트럼프는 이 문제에 관해서 아주 오래전부터 꾸준히 일관된 생각을 기지고 있었음이 분명하다. 트럼프는 이런 사안에 대해 이미 1990년 플레이보이지와의 인터뷰에서 밝혔고, 또 2012년 초에도 똑같은 발언을 한 일이 있다. 그가 생각하는 것은 개인의 입장을 넘어 미국을 다스리겠다는 지도자의 입장이라는 데서 발언의 심각성이 있다.

그러나 분명한 것은 미국이라는 나라는 대통령 마음대로 모든 정책을 펴는 나라가 아니라, 시스템에 의해 다스린다는 점이다.

## 한반도는 중국 견제의 방어기지

미국의 입장에서는 주한 미군의 주둔은 북한을 견제하는 것과 동시에 중국을 견제하기 위해서 반드시 필요하다는 전략이다. 주한 미군을 한반도에 주둔시키는 문제는 경제적 단순 이득과 손실을 넘어서는 문제이기 때문이다.

다만, 침체된 경기를 극복하기 위해 중국 시장을 개척해야 하는 미국 입장에서는 이러한 주한 미군이 부담스러울 수 있다는 분석도 있다.

하지만 주일 미군에 아태 지역 군사력을 집중하고 그와는 별개로 일본의 자체 군사력을 증강시키고, 거액의 예산을 편성하여 주한 미군을 운용하는 것은 동맹국에 대한 안보 공약의 이행이자 미국 자신이 아시아 태평양 지역에서 패권을 강화하기 위한 고차원적 전략인 것이다.

만약 한국에 전략적 가치가 없거나 주일 미군만으로 충분히 동북아 지역에서 러시아, 중국과 대결할 수 있다는 판단이 서 있다면 미군은 뒤도 안 돌아보고 떠났을 것이다. 이는 주한 미군에 대

한 투자가 절대 수혜국에 대한 선의나 구호 목적으로 엄청난 돈을
퍼붓는 것이 아니라는 사실을 말해주는 대목이다.

| 한-미 합동군사훈련에 참가한 미국 항공모함

# 03 PART
## 북핵 시설 정밀 타격 주장

### 한국은 미국의 우방

한국이 미국의 전통적 우방임에도 불구하고, 트럼프가 한국에게 안보 무임승차론을 제기하는 상황은 한국으로서는 상당한 부담으로 돌아올 것이 예상된다고 전문가들은 입을 모으고 있다.

전문가들이 걱정하는 대응 방안은 대체로 다음 몇 가지로 요약된다. 먼저 한국 정부가 이 시점에서 분명히 지향해야 할 목표는 한국의 이익에 도움이 될 수 있는 방안을 모색하고 그 대응을 설정하는 문제라는 것이다.

그것은 한반도의 긴장을 완화하고 미국의 안보 무임승차론이 고개를 숙이도록 만드는 전략, 안보 무임승차론을 접을 수 있을 만한 전략과 정책을 이끌어 내는 일이다.

다음으로는 우리 스스로 문제를 해결하고, 긴장을 완화할 수 있는 대응 능력을 보여 주고 갖추어야 한다는 것이다. 그렇게 할 때 우리는 미국의 차기 대통령의 압박이나 압력에도 의연하게 버틸 수 있는 역량과 외교력을 갖추게 된다.

여기서 우리 정부가 현재 추구하고 있는 통일과 안보 분야의 기본적인 정책 방향이 미국을 비롯한 주요 국가들의 정세 변화에 유연하고 적절하게 대처하고 있는 것인지 냉정하게 되짚어 보아야 한다.

대한민국의 국익을 미국 대통령이 지켜줄 수 있는 것이 아니며, 또 중국이 보호해 줄 성격도 아니다. 한국의 이익을 위해서 그 어떤 국가도 대신해 줄 수 없다는 엄연한 것이 국제 정세의 흐름이다. 그런 사실을 현실을 정부는 물론 국민들도 다시 한 번 각성하고, 가슴에 새겨둬야 할 것이다.

그래서 우리도 한국의 이익을 어떻게 지켜나가고 흔들림 없는 안보를 구축할 것인지에 대해 깊이 고민하고 새로운 계획을 세우는 작업을 해야 한다는 목소리가 많다.

## 북한 핵 원자로 타격 역설

트럼프는 그의 저서 《우리에게 걸맞은 미국》을 통해 북한의 원자로 정밀 타격을 강조했다. 그가 밝힌 줄거리는 대체로 이렇다.

북한 핵 문제에 대해 문제를 지적하는 건 쉽다. 그러나 우리가 문제를 해결하기 위해 무슨 일을 해야 하느냐? 내가 원자로를 폭격할 준비가 되어 있느냐? 그 물음에 대한 대답은 '완전히 맞다.'라는 것이다.

1981년 이스라엘의 이라크 오시라크 원자로 폭격이 북핵 정밀 타격 시나리오의 선례가 될 것이다. 국제사회로부터 비난을 받았지만, 이스라엘은 생존을 위해 해야 할 일을 한 것이었다.

북한의 핵 능력은 미국의 직접적 위협이다. 경험 있는 협상가로서 볼 때 만약에 북한이 핵이나 미사일을 시카고와 로스앤젤레스, 뉴욕에 떨어뜨릴 능력을 갖추게 되면 이 같은 미친 사람들과의 협상은 아무 소용도 없다는 것을 말해 주는 것이다.

나는 핵전쟁을 결코 원하지 않는다. 하지만 협상이 실패할 경우 북한이 실질적 위협을 주기 전에 이 같은 무법자들을 겨냥한 정밀 타격을 해야 한다고 주장하고 또 이를 지지한다.

나는 호전적인 전쟁광이 아니며 무력 사용을 가볍게 여기지 않는다. 그러나 북한의 핵 협박과 핵을 통한 미국에 어떤 피해나 미국 인구의 파괴를 막을 수 있다면 대통령으로서 재래식 무기를 이용해 북한의 목표물을 타격하는 명령을 내릴 준비가 되어 있다.

특히 북한에 대하여 공습을 확대하거나 지상전을 하자고 이야기하는 것이 아니다. 특정한 목표물을 공격하고 다시 협상 테이블로 돌아오는 것을 이야기하는 것이다.

나는 북한과의 협상이 실패할 때에만 이 같은 입장을 취하자는 것이다. 북한의 이력으로 볼 때 협상이 실패할 가능성이 매우 크다. 정밀 타격은 북한에서 일어난 불을 끌 뿐만 아니라 미국은 안보에 위협이 되는 어떤 심각한 위협도 제거할 것이며, 사과하지 않고도 그 같은 일을 할 것이라는 메시지를 전 세계에 보낼 수 있다.

트럼프는 당시 한 방송과의 인터뷰에서 사회자가 "북한을 정밀 타격할 경우 핵 낙진이 아시아를 오염시킬 수 있다는 우려가 있다."라고 지적하자 트럼프는 "아니다! 이스라엘이 이라크 원자로를 폭격했을 때 낙진이 없었다."라고 반박했다.

트럼프는 당시 빌 클린턴 행정부의 대북 정책을 강도 높게 비판하면서 "지난 세기의 주요한 정책적 교훈을 무시하면서 전 세계의 독재자들에게 청신호를 주고 있다. 그것은 우리가 결연한 자세를 취할 때만 승리할 수 있는 것이고, 모호하거나 우유부단할 때에는 적들의 공격을 초래한다는 것뿐"이라고 밝혔다.

## 핵무기는 매우 심각한 문제

미국은 지금 트럼프 정부가 시작되면서 그의 한반도 정책을 둘러싸고 낙관론과 비관론이 엇갈리고 있다. 그의 한반도 방위 안보와 북핵 등에 대한 발언이 극과 극을 달리고 있기 때문이다. 이는 윷놀이 판의 모 아니면 도라는 것과 같은 생각이다.

트럼프는 "한국과 일본의 핵무기 보유를 용인할 수 있다."라는 발언에 대해 "그런 말 한 적이 없다."라고 뒤집었다.

한국과 일본의 핵무장에 대해서도 용인하는 입장을 보였던 트럼프는 핵무장에 대한 반응이 날카롭게 다가오자 유세 중의 연설에서 "일본에 대해서는 핵무장을 옹호하는 것이 아니라 분담비 문제를 해결하자는 차원의 언급이었다."라고 한발 물러서며 해명하였다.

그러나 한국에 대해서는 이 문제에 대해 언급하지 않았으나 아마도 속내는 비슷할 것이라는 견해로 보인다. 하지만 분담비가 해결되지 않으면 결국 미군을 철수하겠다는 트럼프의 방침은 변함이 없다면, 또 설령 철수하게 된다면 자주국방을 하라는 메시지가 유지되는 한 핵무장 논란은 여전히 뜨거운 감자로 남아 있을 수밖에 없는 중대한 사안이다.

그러나 외교 정책 발표 등에서는 "돈을 아끼기 위해 유럽의 패권을 러시아에게 판매할 수도 있다."라는 생각을 밝히면서 앞날이 어떻게 될지 더욱 모르는 상황이 되었다.

트럼프가 다른 곳도 아니고 무력 최우선 동맹국인 유럽을 패권 판매 운운하며 버릴 수 있다는 취지로 말한 것은 트럼프의 성향이 아무리 러시아에 호의적이라 해도 너무 막 나갔다는 지적을 받았다.

만약 진심으로 한국의 핵무기 보유에 지지하는 입장이라면 지금까지 미국의 핵 확산 방지 노력에 찬물을 끼얹는 형국이기 때문이다. 게다가 사드(THAAD)를 배치하는 것만으로도 신경질을 버럭 내는 중국, 러시아가 가만히 보고만 있을 리가 없고 한국의 입장에서도 핵무기 배치는 엄청난 부담이 될 것이 분명하다.

차라리 그럴 돈으로 부족한 정보 획득력을 늘리는 방향으로 나가는 것이 훨씬 바람직하다는 이야기가 많다.

일본도 마찬가지이다. 트럼프의 돌출 발언에 적잖이 당황한 모습이다. 핵 보유 반대 성명을 내는 등 반격에 나섰다. 일본이 예민하게 반응하는 데에는 상당한 이유가 있다.

트럼프의 가상 시나리오가 사실로 이어질 경우, 동북아시아를 화약고로 만들어 놓고 미국은 뒤로 슬쩍 빠지고 일본 스스로가 그 비용을 직접 부담하라는 전략이라고 보는 것이다. 일반적 상식으로는 쉽게 이해되지 않는 전략이다. 그래서 그런 말을 한 적이 없다고 반박했다.

그러나 설령 그렇게 될 경우 일본의 부담 비율은 늘어난다는 것이 필연적이다. 적당히 실리를 챙기려는 일본 입장에서는 당황할 수밖에 없는 일이다. 더구나 트럼프가 대통령이 된 이상 미·일 안보는 큰 문제라는 분석까지 나온 상황이다.

이런 상황에서 트럼프는 한반도 인근에서 전쟁이 일어난다 해도 그건 한국과 일본 등 주변 국가의 문제이며 미국은 전쟁에 관여하지 않을 것이라는 희대의 발언까지 하여 관심을 끌었다.

심지어 "한국과 일본이 핵무기로 무장하지 않기를 바라지만, 미국은 미군 주둔으로 엄청난 돈을 계속 잃을 수는 없다."라면서 한·미, 미·일 간 상호방위조약 자체를 부정하는 발언까지 쏟아 냈다.

# 04 PART
# 한미상호방위조약 문제

## 메가톤급 이슈

핵무기와 방위 분담금 문제는 한미상호방위조약과 관련되는 메가톤급 이슈로 떠올랐다.

트럼프의 논리는 과거와 달리 한국이 이제는 잘사는 만큼 그에 맞는 비용 부담을 하라는 것이다. 하지만 우리나라는 이미 상당한 분담금을 부담하고 있다. 실제로 독일보다 많이 부담하고 있다.

주한 미군이 북한 방어용이라는 단순한 목적이 아닌 만큼 마치 미국이 선심을 베푸는 것처럼 표현하는 트럼프의 주장은 확실히 잘못된 주장이라는 목소리가 높다.

매년 방위 분담금 1~2조 원에 달하는 비용을 대한민국 정부가 부담하도록 하는 것뿐만 아니라 치외 법권 조항 관련을 비롯해서 오히려 한국 측이 불평등 관계임에도 이를 극복하고 감내하면서까지 주한 미군 주둔을 용인하는 것에도 안보 무임승차론을 주장하는 것은 문제가 있다는 분석이다.

일본 측에서는 미국이 이걸 노리고 일부러 북한을 멸망시키지 않는다는 의견까지 제기되고 있다. 하지만 그에 대해 자세한 것은 알 수 없다. 사실 반일 문제가 아니라 중국에 치우치는 친중이 더 문제라는 견해도 만만치 않다.

무서운 건, 미국이 정말로 한미상호방위조약과 주한 미군 철수를 두고 협박한다면 한국으로서는 그에 따를 수밖에 없지 않겠느냐는 우려이다. 그렇게 된다면 한국 처지에서는 한미 동맹이 깨지는 것이 될지도 모른다는 관측이다.

하지만 정말로 미국이 외교적 신뢰성까지 모두 포기하는 이러한 행동을 할 것인지는 더 두고 보아야 할 일이다. 한국이 미국과 가까운 이유 중 하나가 주한 미군 주둔인데, 주한 미군 철수를 주장했던 후보는 2008년과 2012년 공화당 경선에 모두 출마해서 돌풍을 일으켰던 론 폴이었다.

론 폴은 2012년에는 한때 선두를 차지한 적도 있었다. 론 폴이 당선되었다면 지금쯤 주한 미군은 철수해 버렸을 수도 있다. 주한 미군이 철수할 경우 한국 내의 외국 자본이 이탈할 것이 불을 보듯 뻔한 일이라는 의견도 만만치 않다.

설령 주한 미군이 철수한다 해도 전쟁 발발 확률은 매우 낮다. 그리고 계속된 북한의 무력 도발, 협박성 발언들을 쏟아 내도 외국 자본은 여전히 한국으로 유입되고 있으며, 한국에 거주하는 외국인 숫자도 굉장히 많다.

북한의 혈맹이자 거의 유일한 후견인인 중국은 북한을 이용하여 한국, 미국, 일본 3국을 견제하려고 하지만, 북한이 크게 말썽을 일으키거나 전쟁을 일으키는 것을 절대 원하지 않는다. 그런 이유는 오히려 자신들에게 독이 되는 실정이라고 판단하기 때문이다.

특히 한국에서 핵무장을 주장하는 사람들은 대부분이 친미 성향이다. 다시 말해 미국이 핵무장을 용인하면서, 주한 미군과 유사시 병력 증원 등의 기존 방위 공약도 유지되기를 바라는 것이다.

트럼프가 주장하는 것처럼 주한 미군 철수와 핵무장을 맞바꾸겠다는 뜻이 절대로 아니다.

## 대북 4단계 접근법 공개

트럼프가 이미 천명한 미국 우선주의에 대해 "미국의 국익을 가장 첫 번째로 중시하지만 미국만의 이익을 생각한다는 의미는 아니다. 미국의 이익을 최우선으로 앞세울 것이고 그다음이 동맹과 우방, 그리고 나서 국제안보를 다룰 것이라며 단계적 구상을 설명했다.

특히 트럼프가 동맹과 우방들과의 관계를 재설정하려고 한다는 점을 분명히 했다. 트럼프가 그동안 북대서양조약기구(NATO) 회원국 등 유럽과 아시아 동맹의 무임승차론을 주장하면서 방위비 분담금 재협상 방침을 밝힌 것도 미국 우선주의와 동맹·우방과의 관계 재설정이라는 큰 틀에서 나온 것이라는 견해이다.

트럼프의 한반도 구상, 특히 대북 접근법 역시 그 연장선으로 해석된다. 이와 관련해 단계적 접근법을 의미하는 애프터 서클, 4단계 접근법이라는 용어를 사용했다. 이는 대화라는 당근과 채찍이라는 압박의 병행이라는 오바마 행정부의 대북 정책 기조와는 그 궤도를 달리하는 것으로 매우 중요한 문제라는 지적이다.

결국 한국과 일본 등 동맹과의 관계를 재설정함과 동시에 협력을 강화해 공고한 방위 태세를 구축하고, 이어서 북한에 절대적 영향력을 행사하는 중국, 그리고 러시아를 압박해 북한의 변화를 유도하며, 마지막으로 북한을 상대로 직접적 압박을 가하겠다는 의미와 같다.

## 북핵 불용 단호한 입장

트럼프의 외교 보좌역 파레스는 북핵 위협과 관련하여 "트럼프의 생각은 매우 분명하다. 한반도에서 일어나고 있는 공격적이고 무책임한 북한의 핵위협을 받아들이지 않겠다는 것"이라며 북핵 불용에 단호한 입장을 보였다.

트럼프는 김정은과의 직접 대화 여부에 대해서 "트럼프는 누구와도 협상할 수 있다는 게 기본적 원칙이지만, 북한 정권이 계속 공격적으로 나온다면 협상할 필요가 없다. 먼저 행동의 변화가 있어야 한다."라고 잘라 말했다. 이는 북한이 핵을 포기하지 않는 한 북한에 대한 압박의 고삐를 더욱 조여 나갈 것이라는 이야기이다.

한국과 미국의 동맹 결의는 유엔 안보리 등 국제사회의 강도 높은 제재를 공동으로 취하는 동시에, 미국이 독자적으로 대북 제재를 더욱 강화하겠다고 밝혔다. 그러면서 트럼프가 그동안 역설해 온 중국 역할론도 거듭 강조했다.

"우리는 양자와 다자 회의 계기에 중국을 모든 방향에서 압박할 것이다. 북한의 위협은 매우 크고 심각한 것이어서 무역과 경제, 안보와 관련한 중국과의 어떤 협상도 북한 문제를 해결하지 않고는 합의를 볼 수 없다."라고 못을 박았다. 이는 무역 전쟁을 불사하고서라도 중국을 압박하겠다는 강력한 의지를 분명히 드러낸 것이다.

문제는 트럼프의 대북 4단계 접근법을 이행하는 과정에서 대한민국 정부에 대한 외교적 압박이 가중되고 재정적 부담이 늘어날 가능성이 커질 수 있다는 전망이 나온다는 것이다.

## 동맹국에 큰 관심

트럼프는 한국인이나 동맹국의 지지에는 조금도 관심 없는 것처럼 보였다. 그러나 대통령이 된 뒤에 그는 "한국과 100% 함께 할 것"이라고 당당하게 천명했다.

그는 철저한 자본가의 사상이 뼛속까지 깊이 박혀 있는 자본가라는 말을 숱하게 들어 왔다. 그 때문에 모든 것을 그의 입장에서 개인적인 손익 관계만 따져서 막말을 일삼는 성격에 가깝다는 평을 들었다. 하지만 그는 미국 헌법 자체를 바꾸려는 야망에 꿈틀거린 것은 아니다.

"당신은 대통령이 되고 싶은 거냐? 아니면 왕이 되고 싶은 거냐?"

대선 기간 중에 그런 질문들이 여기저기서 나왔다. 그는 강력한 통치 리더십을 보여 주고 싶다는 욕망으로 가득 찬 정치인이다. 그가 오바마의 출생신고서 공개를 집요하게 요구하면서 결국 성취한 일화는 미국 대통령 역사의 한 페이지를 장식하는 전설로 남아 있는 사례의 하나이다.

트럼프에게 "남들이 존중하고 인정하는 문제도 일단 물어뜯어서 뭔가를 쟁취할 수 있는 내가 누구보다 진취적인 사람"이라는 심리를 진지하게 품고 있다는 평가가 내려졌다. 트럼프의 입장에서 본다면 자신이 벌이는 막말 행진에 무관심하거나 막말을 이용해서 이득을 챙길 용기가 없는 지도자라면 오히려 멍청이처럼 보일지도 모른다.

대선 기간 미국에서는 트럼프가 온갖 국제 문제에서 손을 떼게 하자는 주장까지 일어났었다. 트럼프는 미국의 정통 보수주의가 아니라고 강변하는 사례도 있다. 그런 이유는 그가 자본주의의 나라 미국에서 돈을 번 사업가이지만, 그의 경제관념은 미국의 극단적인 자본주의에서 청교도적 윤리관이 빠진 것이라고 보기 때문이다.

여기에는 분명 함정이 있다. 어떠한 사상이나 이념에서 고유의 윤리관이 빠진다면 그건 사상도 이념도 아니라는 말이다. 본래 자본주의의 효시는 애덤 스미스라고 꼽는다. 애덤 스미스의 주장은 개인의 이익 추구를 보장하고 정부의 개입과 강제력을 최소화하는 것이 결과적으로 사회 전체의 복지를 증진하고 국가의 경제를 발전시키는 데 유익하다는 논리였다.

트럼프가 유세장에서 쏟아낸 말, 특히 멕시코 사람들이 못 들어 오게 국경 장벽을 만들고 그에 필요한 비용은 멕시코에게 내게 하자는 주장을 통해 그가 보인 생각은 학문 또는 철학적인 사상과는 달라 어떤 사상이라고 말하기는 어렵고, 그저 테러 방지 수단이라는 말이다. 실제로 트럼프의 발언은 형식이나 예절 따위에 얽매이지 않고 명쾌하게 쏟아내는 즉흥적인 개념이 강하다.

트럼프의 인기몰이는 단순하고 간단하다. 도덕성을 무시해도 경제력만 챙기면 상관없다는 신보수주의 생각 때문이다. 트럼프의 존재로 인해서 공화당의 젊은 예비 후보들까지 점점 극단적이고 경쟁적인 노선을 밟는 것이야말로 큰 문제점이라고 지적받게 되었다.

사실 트럼프는 당선의 영광을 차지하였지만, 안 되더라도 자신이 하고 싶은 말을 시원하게 해서 공화당의 입장을 흔들어 보는 것만으로도 충분한 이득이 생긴다는 평가를 받았다.

2005년 트럼프의 세 번째 결혼식에는 빌 클린턴과 힐러리 클린턴 부부도 참석했다. 이때 함께 찍은 사진이 아마도 세상에서 제일 어색한 사진일 것이라는 말이 떠돌았다.

| 트럼프 부부와 힐러리 부부

# 05 PART
## 트럼프의 뒷이야기들

### 이슈 만들어 내는 재간꾼

트럼프는 이슈를 만들어 내는 재간꾼으로 유명하다. 사실 트럼프가 대선 바람이 일어나는 초기에 얼굴을 내밀고 기웃거리는 것에 대해 정말로 대통령이 될 것이라고 믿는 사람이 거의 없었다. 단지 그의 사업에 도움이 되거나 방송 활동에서의 이야깃거리를 만들려는 의도에서 새로운 이슈를 끌기 위한 것이라는 분석이 지배적이었다.

하지만 이제는 상황이 달라졌다. 그런 말은 꼬리를 감추어 버렸고, 남은 일은 그가 과연 백악관의 주인공으로서 어떤 솜씨를 보여 줄 것인가에 쏠려 있다. 어쨌거나 그를 둘러싼 뒷이야깃거리는 화제가 되고 있다.

트럼프가 2016년 공화당 경선에 출마한 뒤로는 그의 일거수

일투족이 모두 뉴스로 떠오르고 이슈로 재생산되었다. 대선 기간 그가 쏟아 낸 엄청난 말들이 미국 전역을 허리케인처럼 강타하였다. 그리고 그 여파는 아시아로 유럽으로 퍼졌다.

그는 개신교 장로이다. 그런 그가 종교인으로서는 차마 입에 담아서는 안 될 말, 담을 수도 없는 막말 시리즈를 엮어 나가면서 수많은 사람에게 실망과 흥분, 감동까지 안겨주었다.

그는 방송인의 기질도 남다르다. 트럼프가 대선의 예선 상대자였던 젭 부시의 성대모사를 거의 완벽하게 해냈다.

젭 부시는 "나는 트럼프가 진정한 보수주의자라고 믿지 않는다."라고 말했다가 트럼프에게 성대모사로 엄청 두들겨 맞았다. 트럼프는 젭 부시의 표정과 톤을 흉내 내서 몇 번이나 성대모사를 했다. 그 모습이 한 동영상으로 떠돌아다녔다.

트럼프는 유세를 통해 막말의 명수로 등장했지만, 가끔 맞는 말도 곧잘 했다. 그 가운데 하나로 "미국이 모든 싸움에 나설 수는 없다."라는 말을 했는데 이 말이 '21세기의 명언'이 되었다.

이 부분에 관해서는 트럼프 자신도 오락가락한다. 빌 오라일리와의 인터뷰에서 "IS에 대해서 어떻게 대항할 거냐?"라는 질문에 대해 트럼프는 이렇게 대답한 뒤 자신의 원대한 마스터 플랜을 장황하게 늘어놓았다.

오라일리가 "방금 지상군을 파견하겠다고 하신 건가요?"라고 확인 질문을 하자 "미국이 모든 싸움에 나설 수는 없다."라고 잘라 말한 것이다. 외국 입장을 기준으로 하면 의외로 맞는 말이라는 지적이다.

특히 미국 시민권을 얻기 위해 지구촌에서 미국으로 와 원정 출산하는 것을 막겠다는 말도 했다. 이는 외국 여성이 미국에서 아기를 낳으면 그 아기가 자동 시민권을 얻는 관례를 박탈하려는 발언이다. 이에 대해 돈 많은 외국의 임산부들이 미국으로 오는 출산 길을 막으려는 의도라며 일부 미국인들이 불편한 심기를 드러냈다.

더구나 노블리스 오블리제와는 담을 쌓은 모습을 빈번이 보여 주는 한국의 일부 부유층들도 적잖은 반응을 나타냈다. 기득권층들이 앞다투어 미국 시민권을 획득한 뒤 한국과 미국 사이를 오가며 특권만 챙기고 있기 때문이다.

"당신은 어떤 대통령이 되고 싶은가? 미국 사회를 어떻게 이끌어 갈 생각인가?"

이런 질문에 그는 강력한 통치 리더십을 보여 주고 싶다는 욕망을 과감하게 보여 주었다. 그런 용기와 뚝심으로 그는 대통령의 꿈을 이루었다.

## 대머리 헤어스타일 논쟁

'트럼프는 대머리'라는 소문이 대선 기간 내내 무성하게 떠돌아다녔다. 그의 머리가 대머리라는 주장이 그림자처럼 따라다닌 것이다. 그러나 언론에 비친 그는 대머리가 아니라 헤어스타일이 특이할 뿐이다. 대머리 사진이 공개된 사실도 없다. 그는 "대머리가 아니다."라고 강력히 부인하였지만, 소문의 꼬리는 계속 이어졌다.

그래서 언론에 비춰진 그의 헤어스타일을 어떤 헤어 스타일리스트에게 부탁해서 그대로 만들어 보게 하였다. 머리카락이 풍성한 일반인을 상대로 트럼프 형의 헤어스타일을 재현해 보았다고 해서 화제가 되었다.

엘비스 프레슬리의 리전트 헤어처럼 앞머리가 크게 부푼 모습

| 트럼프의 헤어스타일

이 나왔다. 한마디로 앞머리와 정수리 부근이 휑해야 트럼프의 머리 모양대로 나온다는 말이다. 그 결과로만 본다면 트럼프는 대머리가 맞다는 이야기였다.

이 대머리 논쟁에 트럼프 본인이 민감하게 반응할 뿐만 아니라 너무나 우스꽝스럽게 머리를 빗고 나온

덕에 수면 위로 떠오른 것이다. 결국, 본인이 대머리인 것을 숨기고자 했다면 공연히 긁어 부스럼을 만든 셈이다.

언론에 나온 그의 사진을 보면 앞머리처럼 생긴 것은 뒷머리를 가닥가닥 염색해 앞머리로 빗어 넘긴 것이다. 이런 사실을 궁금하게 여기는 대중의 관심을 모으기 위한 헤어스타일 변장술이었다는 말까지 무성했다.

그런데 영국의 한 언론에서 '트럼프는 대머리가 아니다'는 사실을 밝혀 실었다. 유세장에 몰아친 강풍에도 트럼프의 머리카락은 흩날렸을 뿐 멀쩡했다는 것이다. 더구나 트럼프는 어느 회견에서 방청객에게 자신의 머리카락을 만져 보라고 하였다. 그리고 트럼프는 나이가 들면서 이런 헤어스타일로 한 게 아니라, 이미 20대 시절부터 한결같이 이 헤어스타일을 계속해 왔다고 밝혔다. 그냥 트럼프가 좋아하는 헤어스타일이란다.

## 미녀 좋아한다고 회초리 맞은 셈

트럼프를 괴롭힌 또 다른 소문은 "미녀를 너무 좋아한다."라는 소문이었다. 남자들이 미녀를 좋아하는 것은 트럼프만이 아니다. 세상의 모든 남자가 미녀를 좋아한다는 말이다.

트럼프는 미스 유니버스 대회 및 미스 USA 조직위원회 회장이기도 하다. 다만, 미스 USA는 미스 아메리카와는 다른 것이다. 그가 회장이 된 이후 미스 유니버스에서 입상자로 뽑히는 미인들은 국적이나 인종을 불문하고 트럼프의 취향인 스모키 메이크업, 탄탄한 복근과 관능적인 허벅지, 구릿빛 피부의 소유자들로 획일화되었다는 비판이 거세게 일어났다.

인종 차별만으로도 구설수에 여러 번 올랐고, 반유대주의적 태도 때문에도 구설수에 올랐던 그다. 이미 세상을 떠난 명지휘자 레너드 번스타인을 가리켜 '호모 유대인 새끼'라고 언급한 적이 있다고 전한다.

유명 코미디언 존 스튜어트가 개최한 쇼의 공식 트위터에도 "맹세하건대 나는 존 스튜어트보다 똑똑하다."라는 글을 올렸다가 제작자한테 엄청 시달렸다. 그러나 딸이 유대인과 결혼하며 유대교로 개종했을 때도 딸을 축복해 줬으며, 트위터로 태어날 자기 손주가 자랑스럽다는 트윗을 날린 적이 있다.

더구나 자기만이 이스라엘을 지킬 수 있다고 발언하는 등 딱히 반유대주의라고 보기는 어렵다. 그냥 트럼프 특유의 쇼맨십과 익살스러운 막말로 넘기는 편이 훨씬 부드러울 것이다.

## 홍보 전략의 희비

트럼프는 공화당 경선에서 힘겹게 승리하고 대선을 시작하자 갑자기 말을 바꾸었다. 그토록 내쫓아야 한다고 외쳤던 히스패닉에 대한 태도를 바꾼 것이다. 뉴욕에 있는 자신의 경제 본부나 다름없는 트럼프 타워 안의 레스토랑에서 만든 타코 보울(Taco Bowl)을 가지고 사진을 찍으며 "나는 히스패닉을 사랑해!"라고 외친 것이다.

공화당의 절대적인 지지층이 백인 남성들임을 감안할 때 트럼프가 저토록 신속하게 태세 전환을 하였다면서 비아냥거렸다. 그 나름대로 치밀한 계산으로 재빠르게 행동한 것이겠지만, 그토록 막말을 퍼부었던 트럼프로서는 아무래도 좀 모양새도 좋지 않다는 이야기이다.

그보다 더 심각한 것은 타코 보울을 들고 히스패닉에 대한 자신의 사랑을 외쳐대는 트럼프의 모습이 오히려 전형적인 인종 차별 스테레오 타입을 연출해 내는 것으로 여겨질 수 있다는 것이었다.

그렇게 보는 까닭은 미국의 타코는 진짜 멕시코 요리와는 거리가 멀기 때문이다. 그렇다면 한층 더 성숙한 모습으로 대선 주자답게 히스패닉들의 입장에서 그들을 끌어들이려는 모습을 보여주는 것이 더 진한 감동을 안겨줄 것이라는 말이다.

트럼프가 보여준 타코는 과연 어떤 음식일까? 더욱 궁금해진다. 일부 네티즌이 원래 트럼프 타워의 레스토랑에서는 타코 보울을 팔지 않는다고 지적하였다. 상당히 어설프기 짝이 없는 홍보를 보여 주었다는 것이다.

　당장 경쟁자인 힐러리가 반격을 가했다. 실질적으로 이 홍보가 성공적이냐? 아니냐? 하는 것은 두 번째이고, 어설픈 홍보 전략이라는 지적이 많았다.

# 변화의 달인

LEADERSHIP

# 01 PART
# 신통한 발상

## 엄청난 돌파력

트럼프는 참으로 신통한 생각을 하고, 또 신기한 일을 만들어 내고 있다. 사람들은 '트럼프'라는 그의 이름 자체가 고상하지 않고 우스꽝스럽다고 말한다. 그런 까닭은 트럼프가 놀이딱지 플레잉 카드를 말하기 때문이다. 하트, 다이아몬드, 클로버, 스페이드의 4가지가 각각 13장씩 네 벌로 나뉘고 이 밖에 조커(joker) 한 장이 따로 있는 놀이 카드가 바로 트럼프이다.

그 트럼프라는 이름을 가지고 가끔 해외 토픽에 오르내리던 인물이 바로 미국 대통령이 되겠다고 대선 정국에 뛰어들어 회오리 바람을 일으키고, 백악관에 들어가 미국을 다스리면서 지구촌을 호령하고 있다.

처음에 그가 공화당 대선 후보 경선에 나왔을 때 많은 사람이 일종의 해프닝으로 여기고 별 의미를 두지 않았다. 그런데 그가 뿌려대는 막말들이 엄청난 비난과 함께 뜨거운 지지를 받는 돌파력을 일으키면서 대선 정국을 뒤흔들어 놓고 대통령에 당선되어 미국 정치사를 새롭게 장식하고 있다.

"저렇게 막말을 거침없이 쏟아 내는 트럼프가 초강대국이라는 미국에서 통하는 것이 참으로 신통하다!"

"트럼프를 통해 미국인의 수준을 다시 보게 되었다."

"미국의 대선 정국이 트럼프 놀이판 같다."

외국 언론들은 연일 신바람이 난 듯 공화당의 트럼프 동정을 뉴스의 한복판으로 올려놓았다. 그러나 이제 해외 토픽은 현실로 다가왔다. 그가 경선에 나섰을 때 지지율은 5% 정도로 아주 미미했는데 "미국과 멕시코 국경에 콘크리트 장벽을 설치하고 불법 이민자를 추방하겠다."라는 공약을 내놨을 때 세계는 경악하고 말았다.

베를린 장벽이 무너졌는데 이번에는 미국 국경선에 콘크리트 장벽을 설치하겠다니 제정신인지 모르겠다며 그의 생각을 의심한 것이다.

하지만 불법 이민자를 추방하겠다는 그의 말에 미국 경제가 어렵게 된 것이 불법 이민자들 때문이라고 생각하던 사람들, 특히 젊은 백인들이 열렬하게 지지를 보면서 상황은 180도로 달라지기 시작했다. 세계 경찰국가라는 가면을 쓰고 있었지만 그게 불편했던 사람들이 이기주의적 민낯을 드러내기 시작한 것이다.

어쨌거나 미국 정치계의 신인 트럼프가 등장하여 외계인 같은 말을 하였다.

"이제 침체에 빠진 소속 정당인 공화당을 구해내지 못한다면, 나 트럼프라도 구해야 한다."

그는 큰소리를 쳐댔다. 트럼프는 지금 미국 제45대 대통령으로서 그 약속들을 지키겠다고 강조했다.

# 02 PART
## 뜻밖의 돌풍

### 반전의 묘수

**"트럼프의 돌풍은 언제부터 불어왔나?"**

그의 돌풍은 경선 때 펜실베이니아, 메릴랜드, 델라웨어, 코네티컷, 로드아일랜드 등 동부 지역 5개 주에서 트럼프가 싹쓸이하고, 그 뒤 라스무센이 공개한 여론조사에서 트럼프가 41%의 지지율을 얻어 39%를 얻은 힐러리를 2% 포인트 앞서면서 상황이 바뀌었다.

사실 그때까지만 해도 트럼프는 안 된다는 여론이 지배적이었다.

**"어! 트럼프도 괜찮네! 이길 수 있겠다!"**

트럼프가 대선 정국에서 보여준 행태가 기이하지만 사실 부시 전 대통령, 빌 클린턴 전 대통령, 오바마 대통령도 말을 바꾸지 않았느냐며, 트럼프의 말 바꾸기가 특별한 현상이 아니라면서 공감하는 분위기를 만들어 냈다.

트럼프는 흔히 말하는 주류 정치 무대인 워싱턴 정치에 반대한다는 측면이 있었다는 것이다. 트럼프에 대한 지지를 단순히 '분노한 백인'의 특수한 상황으로 볼 것인가? 아니면 미국 사회 전반에 걸친 불만이 터진 것으로 보아야 하는가? 하는 문제가 대두되었다.

결국, '분노한 백인'들이 트럼프를 백악관의 주인공으로 만들었다. 사실 트럼프 현상은 앞으로 바로 잡아야 할 문제라는 지적이 많다. 미국이라는 거대한 나라, 초강대국인 국가를 이끌어 갈 최고 통치자로서의 리더십에는 결함이 있다는 평가 때문이다. 하지만 원인을 짚어 보는 것은 대단히 중요하다.

## 묘기의 허리케인

**"트럼프의 묘기! 충분히 가능성 있다. 힘내라!"**

대부분 사람들이 알고 있는 것처럼 트럼프는 맨해튼의 부동산 사업가 거부(巨富)이다. 12조 원 이상의 재산을 갖고 있는 부자인 그가 왜 대통령 꿈을 꾸었을까? 트럼프가 무엇이 아쉬워서 반대세력의 음해와 엄청난 위험을 무릅쓰고 대선에 출마하였고 또 백악관으로 들어가기 위해 온갖 수모를 당하면서도 집념의 불씨를

태웠을까?

여기서 그의 불도저 기질, 코끼리 근성이 화제를 뿌렸다. 대선 기간 중 한때 미국 안에서 암살 위협까지 받았던 것으로 알려졌다. 트럼프는 선거 초반에 "나는 엄청난 부자이기 때문에 다른 후보들처럼 돈을 얻어서 선거를 치르지 않겠다. 그 돈은 결국 빚이다."라고 말하는 등 자신감을 보여 주었다.

미국 기업들은 미국의 이익을 위해서 기업 활동을 하는 것보다는 자신의 기업 이익을 위해서 활동하는 철저한 실리 주의자들이다. 그건 동서고금이 똑같다. 미국은 국민들이 던지는 한 표 한 표로 직접 대통령을 선출하는 나라가 아니다.

그가 내건 '강한 미국'이라는 기조는 철저히 실리 위주로 가려는 전략이다. 그런 모습은 시리아 내정 간섭에서도 한 발 빼는 입장을 보이고 있는 데서 더욱 분명해진다. 미군이 반정부군을 지원하고 러시아가 시리아 정부군을 지원하는 상황에서 트럼프는 러시아 편을 들고 있는 셈이다.

## 거센 폭풍의 주인공

미국 대통령 선거는 누가 바람을 일으키느냐가 중요하다. 그리고 연방 의원 선거는 이런 바람, 흐름과 맥을 같이 하게 된다. 따라서 트럼프 현상이 연방 의원들 때문에 희석되는 것이 아니라 오히려 트럼프 때문에 연방의회가 바뀔 것이라고 보고 있다.

여기서 새삼스럽게 '트럼프의 고립주의'가 회자되고 관심이 모아졌다. 그렇게 보는 이유는 그가 돈 되는 일이라면 무조건 밀어붙이는 스타일이기 때문이다.

한편으로는 트럼프의 주장이 버니 샌더스의 노선과 비슷하다는 이야기도 있다. 군사력을 앞세운 외교 정책보다 당장 미국 사람들이 겪고 있는 현실적인 어려움에 더 관심을 가져야 한다는 측면에서 그렇다.

사실 트럼프는 고립주의를 전면에 내세우거나 주장하지는 않고 있다. 그렇다고 해서 그가 고립주의자가 아니라는 것은 아니다. 그는 어느 특정한 나라라고 해도 그곳에서 돈벌이가 된다고 생각하면 어김없이 당장이라도 달려가서 사업을 펼칠 그런 사람이다.

트럼프는 돈벌이에 이골이 난 귀재로 유명한 사람이다. 미국의 힘을 가지고, 미국이라는 강대국의 이미지를 바탕으로 돈을 벌자는 것이 그의 생각이다. 그래서 학계에서는 이러한 그의 스타일에 대해 개입주의라고 보기도 하고 또 고립주의라고 여기는 것이다.

그런데 트럼프의 대외 정책이 시종일관 한줄기로 흐르는 것이 아니라 때에 따라 변하면서 널뛰기를 하고 있다고 지적하는 사람들이 많다. 이슬람 국가를 격퇴하겠다고 큰소리를 치면서도 기존의 동맹 국가들에게는 방위비를 더 부담하라고 말한다. 미국이 왜 너의 나라에 대한 방위비를 부담해야 하느냐고 말하는 것이다.

트럼프는 미국이 북대서양조약기구(NATO)의 유지를 비롯해서 외국에 나가 있는 미군들에게 들어가는 돈이 너무 많다고 공개적으로 이야기하였다.

하지만 미국의 경기 활성화를 위하는 일이라면 물불을 가리지 않고 대외관계를 확대해 나갈 것이 분명하다.

1990년대 초반까지 뉴욕의 허브 맨해튼은 부자들에게는 최상의 거주지로 살기 좋은 곳이었다. 허드슨 강이 흐르고 대서양 쪽 경치도 무척 아름답다. 그런데 이런 곳에 부자들만 모여 산다는 사실이 불공평하다고 해서 서민 아파트를 만들어서 가난한 사람들, 집이 없는 사람들을 입주시켰다. 그러자 부자들이 주거 환경을 박탈당했다고 불평을 늘어놓았다. 너무나 당연한 불만이라고 여겼다.

그런데 공화당 쪽으로 권력이 넘어가면서 개발 정책이 바뀌고 서민용 아파트를 없애 버리는 일과 함께 재개발 바람이 거세게 불기 시작했다. 뉴욕의 중심지 부자 동네 맨해튼에서 비즈니스를 하던 트럼프에게는 이보다 더 좋은 기회가 없었다.

대통령이 된 그가 어떤 정책을 펴나갈 것인지에 대해 살펴보고 싶어도, 마땅한 자료가 없다는 이야기이다.

# 03 PART
## 초강대국의 자존심

트럼프 대통령의 야망

　트럼프 대통령은 지구촌 초강대국 미국의 자존심을 지키겠다고 역설했다. 북아메리카 대륙 동부 지역 13개 주가 대영제국을 자칭하던 영국에 대항하여 독립운동을 일으킨 뒤 영국의 식민지로부터 독립한 나라 미국은 어떻게 짧은 기간에 세계 최대의 강대국이 되었을까?

　북아메리카 대륙에서 미국이 건국된 것은 1776년 7월 4일이다. 지금으로부터 불과 240년밖에 안 된 신생 국가이다. 그 짧은 기간 동안 미국은 정말 많은 역사를 만들고 오늘날 지구촌에 영향력을 행사하고 있다.

　전통과 역사를 지닌 고대 국가도 아니고 그냥 개척자들과 새로운 삶의 터전을 찾아 이민을 온 사람들에 의해 세워진 나라, 13개 주로 시작한 나라, 식민지에서 출발한 나라가 지구촌을 호령하는 초강대국이 되었다.

그야말로 하늘의 축복을 한꺼번에 모두 받은 나라일까? 그런 사실은 어떤 기록에도 없다. 참으로 놀랍고도 불가사의한 기적일 뿐이다. 콜럼버스가 유럽에서 대서양 파도를 헤치고 건너가 발견한 신대륙이었다. 그 미지의 땅을 유럽의 백인들이 중심이 되어 새로운 나라를 만들어 낸 것이다.

그렇게 신대륙으로 이주를 시작한 유럽인들이 새 나라의 뿌리를 내리고, 가지를 키우고, 탐스러운 열매를 맺고, 그 열매에서 거두어 낸 자양분을 지구촌으로 풀어 주고 있다.

미국은 단일민족이 아니며 다민족 국가이다. 원주민이 있어도 존재 의미가 없고, 또 그들이 독립 투쟁을 한 것도 아니다. 처음 나라의 시작은 유럽에서 건너 온 백인들이었지만 신대륙에 살던 원주민, 아프리카에서 노예로 팔려온 흑인들, 그리고 먼저 건너와 삶의 터전을 닦으려고 애를 쓴 스페인계 사람들이 뒤섞여서 만들어 낸 신생 국가가 바로 미국이라는 나라로 우뚝 선 것이다.

그만큼 지금 미국에서는 많은 이민자가 하나가 되어 살아가고 있다. 지금은 미국 이민이 무척 까다로워지고 있지만, 지구촌 곳곳에서 많은 사람이 부푼 꿈을 안고 미국으로 이민의 발길을 들여 놓고자 한다.

같은 조상의 피를 받은 민족도 아닌 사람들, 민족성과 언어, 생활 습관이 다른 다양한 인종들이 모여서 정말 엄청난 파워를 내는 게 바로 미국이라는 나라이다.

일단 경제 산업 분야에서 특출하게 발전했고 그를 토대로 수많은 인재를 길러 내어 보유하고 문화, 군사, 과학, 스포츠 등 모든 분야에서 지구촌에 새로움을 선사하고 있는 미국이다.

지금과 같은 현상이 계속 이어지고, 이변이 생기지 않는 한 지구촌에서 미국을 따라잡고 앞서 갈 새로운 나라가 나타날 가능성은 거의 없을 것이다.

# 04 PART

## 월가의 저승사자

외교 문제 가상 시나리오

"트럼프 정부의 미국 외교 정책이 근본적으로 엄청 바뀔 것인
가? 반대로 오바마의 대외 정책을 유지하여 계승할 것인가?"

이 부분도 관심을 안겨 준다. 그러나 한미 동맹 관계의 기조는
유지하되 상당 부분은 바뀔 것이라고 본다. 트럼프에게 그동안 많
은 사람이 오바마의 외교 정책을 트집 잡아 헐뜯고 욕하기를 기대
했는데 별 반응이 없었다.

그러니까 좋은 방향이든 나쁜 방향이든 좌우간 변화가 있어야
하는데, 그렇지 않았기 때문에 트럼프 정부는 달라질 것이라는 전
망이다.

뉴욕 검찰총장 출신으로 지금 트럼프 옆에서 맹활약을 펴고 있
는 로저 스톤을 지칭하는 말이다. 이 사람이 네거티브와 공작의

달인이라는 데서 나온 것이다. 미국의 관심은 새로 탄생한 백악관의 주인공 트럼프 대통령에게 모아지고 있다.

**"월스트리트의 저승사자를 경계하라!"**

**"트럼프는 과연 미국을 개혁할 것인가?"**

그걸 가능성은 충분하다고 보인다. 그런 사례로 '월스트리트의 저승사자'라고 이름을 떨친 로저 스톤을 예로 든다. 그는 뉴욕 주지사 선거에 당선된 엘리엇 스피처를 주지사 자리에서 쫓아 버린 사람이다.

그때 엘리엇 스피처는 차기 백악관 주인이라고 불릴 정도의 거물이었다. 그런데 당시 그의 상대 후보였던 공화당 조셉 브루노 상원 의장의 선거운동 담당자가 바로 로저 스톤이었다.

그는 주지사 선거 이후 미인계를 썼다. 워싱턴 D.C에서 엘리엇이 자주 묵는 호텔에 성매매 여성을 투입해 잠자리를 갖게 했다. 그리고는 엘리엇이 성매매를 했다면서 FBI에 이를 제보했고, 결국 주지사 자리에서 그를 끌어내리는 데 성공했다.

그랬던 그가 이러한 부분을 집요하게 파고들면서 트럼프의 상대인 힐러리의 흠집거리를 찾았던 일은 너무나 유명하다. 그래서 그를 힐러리를 잡을 '월스트리트의 저승사자'라고 일컫게 된 것이다.

바로 이 점이 미국 대선 정국에서 중요한 관전 포인트가 되었다. 트럼프 측에서는 샌더스 지지자들이 힐러리에게 투표하지 않을 것이라고 기대하였다. 이렇게 되면 트럼프가 승산이 있다고 보았던 것이다.

미국 대선은 완벽한 승자 독식제다. 그래서 5~6개 주의 선거 결과로 결판이 난다. 이런 주를 스윙스테이트라고 일컫는다. 이들 주에서 샌더스를 지지했던 사람들이 투표를 하지 않으면 트럼프가 완벽하게 승리할 수 있다고 예측했다. 여기서 트럼프의 당선 가능성을 점친 것이다. 그것이 사실로 드러났고, 그 일을 트럼프는 해냈다.

# 05 PART
# 미국을 강타한 신조어

## '선거 철새' 등장

지금 미국에서는 트럼프 대통령에게 잘 보이려는 '철새'들이 등장하고 있다고 야단법석이다.

제45대 대통령을 선출하는 미국 대선 정국에서 '선거 철새'라는 말이 유행하였다.

이 말은 선거 결과에 따라 '선거 전후의 행동이 달라지는 정치인의 태도'라는 말로 실력자에게 줄 대기를 좋아하는 정치 철새들을 꼬집는 말이다. 이런 사태는 비록 미국에만 국한되는 일이 아니다.

한국에서도 늘 나오는 현상인데, 특히 제20대 국회의원 선거인 4·13 총선 때 다양한 신조어가 등장했다. 미국에서도 대선 후보 경선이 막바지에 접어들면서 새로운 단어가 날마다 나왔다. 그 가운데 대표적인 신조는 어떤 것일까?

## 트럼프와 관련된 신조어

▶ 트럼피즘(Trumpism)

트럼프(Trump)와 포퓰리즘(populism)의 합성어로 트럼프의 '막말 정치'를 비꼬는 뜻이다. 그가 정치적 선동을 일삼는 포퓰리즘에 의존해 표심을 잡으려는 것을 가리킨다.

▶ 트럼프시트(Trumpxit)

트럼프(Trump)와 퇴거(exit)의 합성어로 트럼프가 대통령이 된다면 미국 경제가 고립될 수 있다는 뜻이다. 트럼프의 보호무역주의 정책이 미국 달러화의 약세를 초래할 수 있다는 우려와 함께 생긴 말이다.

## 대선과 관련된 신조어

▶ 유튜브 디지털 포퓰리즘(Youtube Digital Populism)

미국 대선 운동에서 유튜브 동영상이 중요한 선거운동 도구로 떠오르면서 생긴 말이다. 크리스 윌슨 전 공화당 후보 테드 크루즈 선거 캠페인 전략가가 "2016년 대선 승리 여부는 유튜브를 얼마나 제대로 써먹느냐에 달려 있다고 말해도 과언이 아니다."라고 말한 데서 비롯되었다.

# 06

# 생각의 전환

LEADERSHIP

# 01 PART

# 튀는 화술에 열광한 백인들

## 'PC와의 전쟁' 선포

트럼프가 외친 'PC와의 전쟁'이라는 짧은 말이 촌철살인보다도 더 큰 힘을 발휘하였다.

트럼프는 공화당 후보로 대선 출마를 선언할 때 'PC와의 전쟁'을 선언하면서 "기성 워싱턴 정치인들은 정치적 올바름만을 앞세운 탓에 문제의 핵심을 이야기하지 않는다. 그러니 아무것도 해결되는 것이 없다."라고 외쳤다.

이 말이 '복음주의 기독교도' 사람들을 흥분하게 만들었다. 트럼프의 'PC와의 전쟁'은 바로 PC의 사회적 강요에 질린 상당수의 사람으로부터 뜨거운 환영을 받았다. 그들은 "PC 때문에 느끼는 죄책감이나 상실감을 아무도 걱정해 주는 사람이 없었다."라며 트럼프를 연호하였다. 트럼프의 독설과 직설이 그들에게는 답답

한 마음을 후련하게 풀어 주는 복음이었던 셈이다.

실제로 PC 관련으로 공격을 받은 백인들이 무려 67%, PC 거부감은 68%라는 여론조사 결과도 나왔다. 미국 최초의 흑인 대통령인 오바마 집권 8년 동안 '흑인 생명이 소중하다'면서 흑백 차별 반대 운동을 확산되었다. 백인들은 짓눌렸다는 마음으로 입을 닫고 조용히 지냈다. 이런 상황에서 트럼프가 'PC와의 전쟁'을 선언하자 백인들이 열광한 것이다.

**Point**

# PC와 전쟁 선언

PC와의 전쟁은 Political Correctness의 앞머리 글자로 '정치적 올바름'이라는 의미이다. 이 말은 성 차별이나 인종 차별적인 언어나 소수자 또는 약자에게 불쾌감을 주는 표현을 바로 잡으려는 진보적 사회운동이다. 1980년대부터 미국 대학가에서 시작된 이 말은 그 힘이 커지면서 정치·경제·문화·사회 등 모든 영역으로 확산되었다.

트럼프는 PC와의 전쟁 선언에 대해 "정치적으로 올바름을 앞세운 것이다."라고 강조했다. 그러나 "자신의 의견을 분명하게 드러내지 못한 소심한 트럼프"라는 말을 들었다.

## '메리 크리스마스는 모두의 축제'

'메리 크리스마스'가 더 이상 종교색이 짙은 표현이어서는 안되고, '해피 홀리데이'가 행복한 휴일이라는 인사로 대체하는 것도 안 된다는 주장이다.

트럼프는 "기독교의 가치는 미국의 독립 정신과도 연결되어 있고, 메리 크리스마스는 다분히 기독교의 축제일이다. 하지만 오늘날 메리 크리스마스는 기독교인을 넘어 모두의 날이다."라고 말했다.

메리 크리스마스는 하루의 축제가 아니라 크리스마스 시즌으로 전개되면서 다사다난했던 한 해를 보내고 새로운 해를 맞이하는 반성과 희망의 기회이기 때문에 더 이상 기독교만의 축제는 아니라는 것이다.

## 02 PART
# 철저한 전략적 발언

### 비정상 언행으로 '이단아' 취급

"무슬림을 미국에서 추방해야 한다.", "멕시코 이민자들은 성폭행자들이다."

이런 말들은 트럼프가 대통령의 꿈을 이루는 대선 과정에서 쏟아 냈다. 그는 막말 시리즈와 성 차별 발언, 튀는 행동으로 '이단아' 소리를 많이 들었다. 그러나 이런 언행은 백악관 입성을 위한 철저한 전략적 계산이었다는 분석과 평가가 이어졌다.

그러나 트럼프는 대통령의 꿈을 이룬 뒤 자신의 홈페이지 사이트에서 이를 모두 삭제해 버렸다. 트럼프의 튀는 언행은 유권자의 마음을 사로잡으려는 계획된 특별한 전략이었다는 분석이 나온 것이다.

백악관 주인 자리를 놓고 피 말리는 대결을 펼치는 동안 힐러리는 '모범생'다운 행보로 미디어의 스포트라이트를 받은 반면, 트럼프는 도를 넘는 언행을 한 탓에 미디어로부터 '악당', '저질'이라는 질타를 수없이 당했다.

그 때문에 트럼프는 큰돈 들이지 않고 홍보 효과를 톡톡히 누렸다. 결국, 트럼프의 대선용 전략에 영악하고 발 빠른 미디어들이 농락을 당했다는 평가였다.

### "힐러리는 훌륭한 경쟁자였다"

트럼프는 대통령으로 당선된 뒤 힐러리로부터 축하 전화를 받고 "힐러리는 훌륭한 경쟁자였다."라고 화답했다.

트럼프는 CBS 방송과의 '60분 인터뷰'에서 이렇게 밝혔다.

"승리가 결정된 뒤 힐러리로부터 전화를 받았다. 그것은 매우

| 트럼프와 힐러리

힘든 전화였다. 하지만 힐러리는 '축하해요! 도널드, 잘했어요.'라고 말했다. 나는 '매우 감사하다. 당신은 진정 훌륭한 경쟁자였어요.'라고 답해 주었다."

그러면서도 "대선 기간에 좀 더 부드럽게, 점잖게 했으면 어땠을까? 하는 생각을 한다."라며 고백했다.

# 03 PART
## 트럼프의 가족 사랑

### 자녀들의 의견 존중

트럼프를 대통령으로 만든 숨은 공신 중의 한 사람이 장녀 부부였다. 장녀 이방카와 큰사위 재러드 쿠슈너의 공이 컸다. 이른바 '비선 실세'로 꼽히는 이방카와 재러드 쿠슈너는 딸과 사위라는 혈족의 개념을 넘어 특급 참모였다.

정치 경력이 전무한 초년병인 이들이 트럼프 사단의 한 축을 맡아 동분서주했다는 사실은 널리 알려졌다.

트럼프는 공식 석상에서 큰사위를 가리켜 "대담한 사상가(Big and Bold Thinker)"라고 칭찬했다. 또 "훌륭한 사위이자 친밀한 사이"라고 부른 적도 있다. 딸 이방카에 대해서는 "딸이 아니라면 데이트를 신청하겠다."라는 말을 하여 화제가 되었다.

트럼프는 부인 멜라니아에 대해서도 한마디 하고, 대선 출마할 때의 가족사도 털어놓았다.

"아내는 나의 조언을 많이 듣기는 하는데 결국 마지막에는 본인이 원하는 대로 한다. 대선 출마 때의 일이다. 가족과 함께 저녁을 먹으면서 한 사람씩 의견을 말하게 한 뒤 모두의 의견을 종합해 합의를 거쳐 동의를 받은 뒤 출마를 결정했다. 그러면서도 내가 대통령이 된다면 가족들은 나의 내각에는 결코 참여하지 않겠다고 했다. 다만, 둘째 아들은 '우리들은 기업을 돌보겠다'고 했고, 큰딸은 '아버지의 딸로 남겠다'고 밝혔다."

### 장녀와 큰사위 자랑

맨해튼의 부동산 거부로 백악관 주인이 된 트럼프는 역시 맨해튼의 갑부인 큰사위를 가리켜 "솔직히 말해서 큰사위는 부동산 사업에서 성공을 거둔 청년이다. 하지만 내 생각에는 사업을 하는 것보다 정치를 더 좋아하는 것 같다."라고 치켜세웠다.

큰사위는 뉴욕 토박이로 하버드대학교에서 사회학을 전공하고 뉴욕대학교 로스쿨을 졸업했다. 부동산 사업을 하던 아버지가 탈세와 불법 선거 자금 지원 등으로 구속되자 가업을 이어받아 부동산 사업가로 성공한 그는 2007년 당시 미국에서는 가장 비싼 건물로 유명한 뉴욕 맨해튼 5번가의 18억 달러(약 2조 원) 빌딩을 사들여 주목을 받았던 인물이다.

LEADERSHIP nolonger... 

# 04 PART
# 끝나지 않는 언쟁

## 뉴욕타임스와의 논쟁은 계속 중

미국 대선은 트럼프의 승리로 막을 내렸지만, 대선 중에 벌어진 트럼프와 뉴욕타임스(NYT)와의 언쟁은 '끝나지 않는 전쟁'으로 계속 중이다.

트럼프는 NYT가 일요판 특집으로 트럼프 당선인에 대한 부정적 의미를 담은 기획기사를 내보내자 트위터에 "NYT는 '트럼프 현상'에 대한 매우 부정확한 보도로 NYT 독자가 수만 명은 떨어져 나가고 있다."라고 공격했다.

그러나 NYT는 트위터 메시지로 "종이 신문과 디지털 분야 모두에서 오히려 독자가 증가했다. 평소에 비해 4배 이상의 독자가 늘었다."라고 반박했다. 더구나 "미국 역사상 가장 준비 안 된 대통령 때문에 미국의 운명이 벼랑 끝에 서게 되었다."라는 독설적인 사설까지 실었다.

"두려움도 편애도 없이 뉴스를 다루어라!"

이 말은 NYT 초대 발행인 아돌프 S 옥스가 남긴 유명한 지침이다.

미국의 주요 언론들은 대선 기간 중에는 트럼프에 각을 세웠지만, 그가 당선된 뒤로는 "우리가 우려했던 것보다 더 나은 트럼프 대통령이 되기를 바란다."라면서 트럼프에 대한 쓴소리를 자제하는 것으로 돌아섰다.

# 05 PART
## 유연해진 화술

### 강경론이 '말랑말랑' 순화

트럼프의 화술은 대통령에 당선된 뒤 '말랑말랑'하고 '유연해졌다'는 평가를 받고 있다. 후보자 시절과 대통령이 된 뒤에 크게 달라지고 있다는 것이다. 그런 현상은 한·일 핵무장 문제, 이민자 추방, 힐러리의 'e메일 스캔들' 특검 지명에 즉답을 피하는 것 등에서 드러났다고 언론들이 밝혔다.

후보일 때와 대통령 사이에 생각이 달라진 탓일까? 후보로서 대선 선거전을 치를 때에는 '매우 강경론'을 폈던 그가 당선된 뒤로는 한발 물러서서 여러 분야에서 크게 부드러워진 화법을 구사한다는 평가를 받고 있다.

한쪽에서는 유연해진 것이 아니라 "그런 말 한 적이 없다."라고 아예 '잡아떼기' 화술로 바뀌고 있어 언론들이 "팩트 체크를 해야 한다."라고 나섰다. 이 말은 트럼프가 대선 때에 쏟아 냈던 현안 발언에는 사실 관계를 반드시 확인해야 한다는 것이다.

핵 비확산 문제, 한·일 핵무장 문제, 이민자 추방 등은 사실상 미국의 외교 안보 정책들을 완전히 깨뜨리자는 문제라는 비판과 큰 파장을 일으킨 문제이다. 그러나 대통령으로 당선된 뒤에는 슬그머니 그 방향을 바꿔 수정하려는 것으로 풀이되고 있다.

이민자 추방 문제는 현재 미국에 체류하고 있는 것으로 추산되고 있는 1,100만 명을 모두 내쫓겠다는 것이었으나 "범죄자로 그 범위를 좁히겠다."라고 태도를 바꾸고 있다.

# 미국의 정치사

LEADERSHIP

# 01 PART
## 공화당과 민주당의 대결

### 공화당의 목표와 변천

공화당은 미국의 대표적 정당의 하나로 1854년 노예제 반대와 사회 약자층의 권익 대변을 목표로 워싱턴에서 창당되었다.

미국의 양대 정당 중 하나로 당의 상징은 코끼리이다. 본래는 민주당과 함께 1792년 결성된 민주공화당이 그 뿌리이다. 그러나 1824년 대통령 선거 결과 때문에 존 애덤스 계파와 잭슨 계파로 당이 분열되자 존 애덤스와 그 지지자들이 따로 분리되어 국민공화당을 설립했다.

1834년 반잭슨주의를 표방하는 국민공화당은 남부민주공화당원, 보수주의자, 연방주의자들과 결합해 휘그당을 만들었다.

이후 1854년 노예제를 확장하려는 캔자스 네브래스카 법안에 반대한 휘그당원들은 자유지역당을 유입하고 북부 상공업자, 서부의 농민, 노동자의 지지를 얻어 공화당을 설립한 뒤 오늘에 이르렀다.

1860년 대통령 선거에서 노예제도 폐지를 주장한 링컨이 당선되어 공화당 최초의 대통령이 되었다. 남북전쟁 중 신흥 자본가 계급이 당의 주도권을 장악하여 이후 50년간 민주당을 누르고 미국의 집권당이 되었다.

그러나 1929년 세계대공황이 발생하자 공화당에 대한 지지가 크게 떨어지면서 노동자·농민의 복지를 내세운 민주당의 인기가 상승하였다. 1932년 대통령 선거에서 민주당의 F.D. 루스벨트가 당선된 후 1960년대 말까지 공화당은 민주당에 눌려 소수당에 머물렀다.

그러다가 1970년대 초부터 미국 사회의 보수화와 베트남전쟁의 실패로 공화당에 대한 지지가 다시 오르면서 닉슨이 대통령에 당선되었다. 1980년 보수파의 지도자를 자임하는 레이건이 대통령에 당선되어 소련에 대한 강경 노선과 조세 감면, 사회복지 지출 억제의 보수주의 정책을 펼쳤다.

1984년 레이건이 대통령으로 재선되고, 1988년 W. 부시가 당선되어 공화당은 행정부에서는 집권당의 자리를 지켰다. 하지만 의회에서는 민주당에 뒤져 소수당에 머물렀다.

1992년 대통령 선거에서는 민주당의 빌 클린턴에게 패하였으나, 1994년에는 중간 선거에서 민주당을 누르고 의회의 다수당이 되었다.

1996년 대통령 선거에서도 재선에 도전한 민주당의 빌 클린턴에게 패하였으나, 2000년과 2004년 대통령 선거에서는 조지 H.W. 부시 전 대통령의 아들 조지 W. 부시가 연이어 민주당 후보를 누르고 당선되어 부자(父子) 대통령의 기록을 세웠다.

## 민주당의 목표와 변천

미국 민주당은 공화당과 더불어 양대 정당의 하나로 1972년 정치 활동 및 정권 획득을 목표로 워싱턴에서 창당되었다.

당의 상징은 당나귀이다. 민주당의 역사는 1792년 T. 제퍼슨이 주축이 된 '공화파'로부터 시작된 이래 다양한 명칭으로 불리다가 A. 잭슨이 대통령으로 재임하던 1830년대 현재의 당명으로 확정되었다.

1860년 노예제 폐지를 주장한 공화당의 링컨에게 패배한 후 줄곧 소수당에 머물렀다. 그러나 1929년 세계대공황이 발생하여 공화당에 대한 지지가 떨어지면서 상대적으로 민주당에 대한 지지가 올라갔다.

1932년 '뉴딜 정책'을 내세운 루스벨트가 대통령 후보로 출마하여 압승을 거두었다. 이때부터 민주당은 트루먼, 케네디, 존슨

등의 대통령을 배출하고 의회의 다수당이 되었다.

그러나 1970년대부터 미국 사회가 보수화되기 시작하면서 공화당 후보에게 연속 패배하였다. 1976년 대통령 선거에서 지미 카터 후보가 당선되었으나, 1980년에는 보수주의자인 공화당의 로널드 레이건 후보에게 패배하였다.

그 뒤 행정부는 공화당이, 의회는 민주당이 우세한 상황이 지속되었다. 1992년 대통령 선거에서 민주당의 빌 클린턴이 당선되면서 의회뿐 아니라 행정부도 장악하는 다수파가 되었다. 1994년 중간 선거에서 공화당에게 또 패배, 다시 소수당으로 밀려나고 말았다.

1996년 대통령 선거에서 클린턴이 재선에 성공하였으나 의회에서는 여전히 소수당에 머물렀다. 2000년과 2004년 대통령 선거에서 연이어 공화당의 조지 W. 부시에게 패배하였다. 그러나 부시 대통령의 실정(失政)으로 인하여 2006년 중간 선거에서 상원과 하원에서 모두 공화당을 누르고 다수당의 지위를 다시 누렸다. 2009년 대통령 선거에서 버락 오바마 후보가 공화당의 존 매케인 후보를 누르고 당선됨으로써 다시 집권당이 되었고, 오바마는 재선의 영광을 누렸다.

# 02 PART
# 역대 대통령의 리더십

## 대통령의 업적 평가

미국은 언론, 대학교, 연구기관 등에서 정기적으로 대통령의 업적을 재평가하고 그 순위를 매겨 발표하고 있다.

대통령 업적 평가는 현재의 대통령을 제외한 역대 대통령을 대상으로 대통령의 업적, 리더십, 커뮤니케이션 기술, 경제 발전, 법관 임명, 인사권, 국내 문제, 도덕성, 행정관리 능력, 외교 정책 등 여러 분야에 걸쳐 종합 평가하여 부문별 점수와 총 점수를 매긴다.

이를 가운데 조지 워싱턴, 에이브러햄 링컨, 프랭클린 루즈벨트는 순위는 차이가 있지만 늘 선두 세 손가락에 꼽힌다.

그중에서 조지 워싱턴은 여러 분야에서 골고루 높은 점수를 받고 있으며 리더십 분야에서는 늘 1위를 차지한다. 그만큼 탁월한

| 조지 워싱턴

| 에이브러햄 링컨

| 프랭클린 루즈벨트

리더십을 발휘한 대통령으로 전문가들과 국민들이 평가하는 것이다.

역대 대통령에 대한 호감도를 순수한 긍정 평가지수로 평가하기도 한다. 긍정적인 평가와 더불어 부정적인 평가를 동시에 시행하여, 긍정적인 점수에서 부정적인 점수를 뺀 순수 긍정 점수를 매긴다.

이 순수 긍정 점수에서 조지 워싱턴 대통령은 늘 최고의 점수를 기록한다. 이는 워싱턴 대통령은 언제나 긍정적인 평가는 높은 동시에 부정적인 평가는 가장 낮아, 최고의 순수 긍정 점수를 기록하는 것으로 분석되고 있다. 예를 들면 긍정적이고 우호적인 점수가 94점, 부정적인 점수가 2점으로 나와 결국 최종 순수 긍정 점수는 92점이다.

2위인 링컨 대통령은 긍정 점수 92점, 부정 점수 4점으로 순수 긍정 점수는 88점이다. 루즈벨트 대통령은 긍정 점수 81점에 부정 점수 12점으로 순수 긍정 점수는 69점이다.

　그런가하면 최악의 부정적인 점수를 받은 대통령은 제37대 리처드 닉슨 대통령이다. 그는 워터게이트 사건으로 긍정 점수 32점에 부정 점수 60점을 받아 순수 긍정 점수는 -28점이 되면서 역대 대통령 가운데 최하라는 평가를 받았다.

# 03 PART

# 백악관의 비밀

백색의 3층 건물

**"대통령의 집무실, 그곳이 궁금하다!"**

백악관은 앞에서 볼 때 정면으로 보이는 가운데 백색의 3층 건물이 본관이고, 좌우에는 있는 것은 부속 건물이다.

미국 대통령의 관저인 백악관(White House)의 주소는 워싱턴 시티 펜실베이니아가(街) 1600번지이다. 보통 주소 같지만 세상에서 가장 강력한 힘이 모인 곳이다. 미국 대통령의 집무실이자 관저인 화이트 하우스, 즉 하얀 집 백악관의 주소이다.

백악관은 원래 2층짜리 건물이었다. 보통 3층 건물로 보이지만, 북쪽에서 보면 반지하의 건물로 옥상 층까지 포함하여 4층 건물로 일컫는다.

백악관은 본관과 부속 건물들로 이루어져 있다. 본관의 정문은 북쪽 현관으로 외국 여러 나라의 국가원수 등 귀빈들이 이곳으로 드나든다. 현관으로 들어오면 1층의 현관 로비가 있고 그 정면에 블루 룸, 레드 룸, 그린 룸 등 영접실들이 있다.

그 밖에 1층에는 가족 식당과 국무 식당, 그리고 이스트 룸이라는 넓은 연회장이 있다. 본관의 2층에는 대통령 내외 개인용의 침실과 식당, 링컨 침실과 여왕 침실 등 귀빈 객실들이 자리를 잡고 있다.

본관의 동쪽에는 이스트 윙(East Wing)이라는 부속 건물이 나온다. 이스트 윙에는 영부인 집무 공간과 사회담당비서 등 백악관 직원들의 근무 장소이다.

백악관 관람객 등 일반 손님의 입장 장소도 이곳이다. 이스트 윙과 본관을 잇는 긴 통로인 이스트 콜로네이드에는 대통령이 여가를 즐길 수 있도록 극장을 설치했다.

백악관이라는 이름은 제26대 루즈벨트 대통령이 백색으로 된 건물이 부근의 붉은 벽돌 건물들과 조화를 이룬다 하여 화이트 하우스, 곧 백악관이라고 한 데서 비롯되었다고 전한다. 초대 대통령 조지 워싱턴의 요구로 1792년에 호반이 설계하여 착공하였고, 1800년 제2대 대통령 J.애덤스 때에 완공되었다.

워싱턴 대통령은 백악관 건물이 완공되기 전에 퇴임하여 처음 입주한 대통령은 제2대 존 애덤스 대통령이다. 그러나 제4대 대

| 백악관(White House)

통령인 제임스 매디슨 때인 1814년 영국군의 침입으로 소실되고
말았다. 그 뒤에 재건축으로 확장하여 현재에 이르렀다.

대통령의 집무실인 오벌 오피스(Oval Office)는 웨스트 윙에 있다.
웨스트 윙에서 사우스론을 바라보는 곳에 둥그렇게 돌출한 곳이
바로 대통령의 집무실이다. 대통령은 타원형 집무실인 오벌 오피
스(오벌 룸, Oval Room이라고도 함)에서 방문객을 접견한다.

오벌 오피스의 대각선으로는 영상 회의실로 쓰이는 루즈벨트
룸이 있고, 그 옆쪽이 내각의 회의 장소인 캐비닛 룸이다. 그 아
래의 지상 층이 상황실이다.

## 백악관은 철저한 요새

미국은 대통령 집무실이자 관저인 백악관을 권력의 심장으로 여긴다. 그런 연유로 백악관을 보호하고 지키기 위하여 다양한 보안 대책을 마련하여 시행하고 있다.

우선 강화된 철벽이 백악관 전체를 둘러싸고 있고, 백악관의 모든 창문은 방탄유리이다. 핵전쟁에도 버틸 수 있는 시설도 갖추었다. 핵전쟁과 같은 비상상황에서도 대통령이 국가를 지휘하는 지하 벙커인 PEOC(대통령 비상 작전 센터)가 이스트 윙 지하에 마련되어 있다.

백악관 내부는 화생방 공격에 대비하여 완벽한 시설을 갖추었다. 공기와 수돗물 식수까지 모두 필터링 시스템에 의해 걸러진다.

백악관으로 들어오는 모든 음식도 철저한 검색의 대상이 된다. 대통령이나 요인을 수사부의 대통령 수행경호팀이 담당하지만, 백악관을 지키는 것은 경비부의 제복 경찰관들이다. 출입구마다 배치된 경비부 요원들에 의해 출입자는 철저한 보안 검색을 받는다.

차량 또한 반드시 폭발물이 있는지 여부의 확인을 위해 K9 탐색견의 수색을 동시에 진행한다. 대통령을 노리는 저격수를 발견 즉시 무력화시키는 저격방지팀은 언제나 백악관 옥상에 배치되어 긴장을 늦추지 않는다.

혹시 중무장한 테러범이 돌진할 경우에 대비한 신속대응팀도 배치하여 마치 군대의 5분 대기조처럼 언제나 대기 상태이다.

백악관의 주변에는 다양한 센서 장비들을 설치하였다. 특히 열상센서 장비들은 야간에도 사람이나 차량의 이동을 정확하게 가려낸다. 백악관의 지붕에는 레이더가 장착되어 있어 저공으로 침투해 오는 항공기까지도 탐지할 수 있다.

애당초부터 백악관 인근 상공 자체가 비행금지 구역으로 지정되어 있다. 9·11 테러 공격과 같은 여객기 테러가 허용되어서는 안 되기 때문이다.

# 04 PART
# 대통령 경호실

## 대통령은 '가장 위험한 직업'

**"백악관의 구조나 대통령 경호관들은 어떻게 활동할까?"**

대통령의 집무실이 있는 백악관과 대통령의 경호를 맡은 경호실의 내부를 전부 보여주거나 공개한 사실은 아직까지 없다. 그만큼 백악관은 비밀에 싸여 있다.

다만, 영화 〈화이트 하우스 다운〉은 백악관의 내부를 어느 정도까지는 자세히 보여 주었다는 평가를 받고 있다. 〈화이트 하우스 다운〉 영화는 메가톤급으로 4분 정도 백악관과 경호실을 보여주는 영상물이다.

"세상에서 가장 위험한 직업은 무엇일까?"

그 답은 "대통령"이라고 한다.

"대통령이 가장 위험한 직업이라고? 그게 아닌데 가장 화려한

| 영화 〈화이트 하우스 다운〉 포스터

직업인데⋯."

그렇게 생각하는 사람들이 많다. 그러나 〈화이트 하우스 다운〉 영화는 대통령처럼 위험한 직업은 없다는 것을 보여 준다. 백악관에 들어온 모든 대통령들은 언제나 암살의 위협 속에서 살다가 퇴임했다.

레이건 대통령도 암살 기도의 순간을 겪은 대통령이었다. 경호관들의 날렵한 대응으로 대통령은 암살을 모면했다. 워싱턴 힐튼호텔은 미국 대통령이 자주 드나드는 곳이다. 그래서 '대통령 산책로'라는 별명까지 붙어 있는 안전한 장소로 유명하다.

1981년 3월 30일 오후, 수많은 시민이 호텔 입구에 서 있었다. 취임한 지 겨우 69일이 된 새로운 대통령 레이건을 보기 위해서였다. 그런데 도열한 시민들 가운데는 괴로움과 초조함에 가득 찬 남성도 섞여 있었으나 아무도 그가 끔찍한 일을 저지를 괴한이라는 것을 눈치채지 못했다.

오후 2시 27분, 수많은 경호원에 둘러싸인 채 레이건 대통령이 호텔에서 나와 대통령 전용차인 리무진까지 불과 10m도 안 되는 거리를 걸어가고 있었다.

"탕! 탕! 타앙…!"

바로 그 순간 갑자기 6발의 총성이 울려 퍼졌다. 초조함이 가득
하던 그 남성이 돌연 괴한으로 변하면서 22구경 리볼버 권총을 꺼
내서 대통령을 향하여 발사하기 시작한 것이다.

그 짧은 순간에 괴한이 쏜 총알은 대통령 쪽으로 날아갔다.

총성과 함께 비서관과 경찰관이 차례로 쓰러졌고, 경호관은 대
통령을 신속히 방탄 리무진 안으로 밀어 넣었다. 방패가 되느라
이미 총알을 맞았던 경호관은 자신의 몸을 던져 대통령을 지키려
했지만, 결국 마지막 탄환이 대통령의 왼팔을 관통하고 가슴 쪽에
박히고야 말았다.

대통령은 긴급 후송되었다. 다행히도 목숨을 건졌다. 총알이
심장에서 2cm 못 미친 곳에서 멈추었던 덕분이다. 비록 암살 시
도를 사전에 막지는 못했지만, 경호관의 빠른 대응이 없었다면 대
통령은 머리에 총알을 맞고 사망했을지도 모른다.

물론 범인은 그 자리에서 체포되었다. 이것이 당시 세간을 떠
들썩하게 한 존 힝클리 2세의 레이건 암살 시도 사건이었다.

## 비밀 경호국 요원들

대통령의 신변 안전을 담당하는 비밀 경호국 사람들은 대체로

정복을 착용하지 않고 사복을 한다. 그러나 정복을 입는 비밀 경호국 경찰관이 있는데, 바로 백악관을 지키는 경비부 요원들이다. 저격방지팀이나 신속대응팀 등 특수부대 대원들도 경비부 소속이다.

비밀 경호국은 크게 2개의 부서로 나뉘어 있다. 수사부와 경비부가 그것이다. 수사부는 특수 요원들이 주축이 되는데, 원래 임무였던 위폐 단속 및 금융 범죄 수사를 여전히 수행하며, 대통령을 옆에서 경호하는 수행 경호 업무도 겸하고 있다.

과거 백악관 경찰이라고 불리던 경비부는 백악관과 부통령 관저의 시설 경비, 워싱턴 주재 해외 공간의 경비 등을 담당하는 한편, 공격대응팀(CAT), 저격방지팀(CST), 신속대응팀(ERT) 등 특수부대도 따로 운용한다.

비밀 경호국은 창설 당시부터 재무부 산하의 연방경찰기관으로 활약해 왔다. 그러나 9·11 테러가 일어난 뒤에 신설된 국토안보부의 산하 기관으로 2003년 재편입되었다.

대통령을 경호하는 만큼 비밀 경호국은 경호를 위해 쓸 수 있는 모든 자원을 동원할 권리가 있다. 그러다 보니 이런 말까지 생겼다.

"세상에서 경호를 하는 방식은 딱 두 가지뿐이다. 비밀 경호국의 방식과 기타 나머지 기관의 방식이다."

이런 막강한 조직이다 보니 채용 경쟁률도 엄청나게 높다. 손쉽게 잡아도 100대 1을 훌쩍 넘는다.

"대통령을 경호하는 비밀 경호국의 경호관들은 어떤 총기를 사용할까?"

비밀 경호국 경호관의 기본 화기는 P229 자동 권총이다.

경호관의 제일 기본 무장은 역시 권총이다. 비밀 경호국의 제식권총은 시그사우어 P229라는 자동 권총이다. 비밀 경호국 요원들은 리볼버를 대신하여 시그사우어 총기를 애용해 왔다.

특히 비밀 경호국이 채택한 P229는 357SIG라는 강력한 탄환을 사용하여 살상 능력을 극대화했다. 한편, 요인 경호를 위해서 경호관들은 기관단총도 휴대한다.

가장 압권인 무기는 단연 무장 차량이다. 평범하게 보이는 차량이지만 내부에 M134 6연장 발칸포(일명 미니건)를 장착하여 분당 3,000발의 7.62mm 탄환을 발사할 수 있다. 그러나 어느 회사에서 생산하는지는 철저한 비밀이다.

# 05 PART
## 뉴욕의 갑부 트럼프

### 워싱턴으로 화려한 입성

뉴욕의 부동산 갑부 트럼프는 미국 제45대 대통령으로 당선되어 정치 1번지인 워싱턴 D.C로 화려하게 입성하였다.

트럼프의 고향 뉴욕(New York City)은 어떤 곳인가?

뉴욕은 미국 최대의 도시이자 '산업 수도'라고 불린다. 뉴욕은 처음에 뉴 암스테르담이라고 했다. 뒤에 인구가 늘고 산업이 발달하면서 뉴욕으로 개명하고 급격히 발전하였다.

1625년 네덜란드 서인도회사가 대서양 연안 허드슨 강 하구 맨해튼 섬의 남쪽 끝에 자신들의 이주지 마을을 만들었다. 그로부터 3년이 지난 뒤에도 이 마을 인구는 고작 300명이 안 되었다. 그들은 인디언들의 토지를 값싼 물건과 바꾸며 강탈했다. 반항하는 인디언들을 무차별 살해하였다.

1644년 영국 함대가 들어와 마을 원주민들과의 싸움으로 지쳐 있던 네덜란드 사람들을 내쫓았다. 그때 영국 함대 사령관 니콜스는 이 땅을 영국 왕의 동생 요크공의 이름을 본떠 뉴욕이라고 한 것이다.

뉴욕은 영국이 아메리카를 식민지로 통치하는 동안 출산율이 높고 사망률이 낮았으며, 여성을 포함한 이민자가 끊임없이 들어오면서 인구가 급속히 증가하였다.

아메리카 식민지는 영국에 조세를 납부하였으나, 영국 의회에 대표자를 두지 못하였다.

1730년대와 1740년대의 대각성 운동이라는 기독교 부흥주의 운동으로 종교와 종교 자유에 대한 관심이 커졌다. 또한, 이 운동으로 인해 미국 대학의 역사가 시작되는데, 종교의 자유와 과학의 탐구를 위해 적지 않은 대학들이 설립되었다.

1636년에 하버드대학교가 설립되고, 그 뒤를 이어 윌리엄 앤 메리대학교, 예일대학교, 프린스턴대학교, 펜실베이니아대학교 등 아이비리그로 지칭되는 명문 사립대학들이 속속 설립되었다. 유엔본부도 뉴욕에 있다.

아메리카 식민지와 영국 사이에 대립이 불거지면서 미국 독립전쟁(1775~1781년)이 일어났다. 1775년 6월 14일, 필라델피아에서 열린 대륙회의에서 대륙 군대가 창설되었고, 사령관으로 조지 워싱턴을 임명하였다. 1776년 7월 4일 대륙회의에서는 토머스 제퍼슨이 쓴 독립선언서를 채택하였다.

이날이 바로 미국의 독립기념일이 된 것이다.

프랑스의 지원을 받은 아메리카 군대가 영국을 무찔렀다. 이를 요크타운 전투라고 한다. 이에 영국은 미합중국의 독립을 인정하고, 이들 13개 주에게 미시시피 강 동쪽의 아메리카 영토에 대한 주권을 승인하였다.

13개 주로 독립한 미국은 수도를 뉴욕으로 정하고 1787년에 필라델피아 헌법회의를 조직하였다. 1789년에 미국 헌법이 비준되었으며, 1789년에 신생 공화국의 초대 상하원 의회가 출범하고 조지 워싱턴이 대통령에 취임하였다.

그런 뒤 1790년 수도를 필라델피아로 옮겼다. 연방 정부가 개인의 자유 및 다양한 법적 보호 보장의 제한을 금한 권리장전을 1791년에 채택되었다.

### '잠들지 않는 국제도시'

뉴욕은 세계적인 도시로, '잠들지 않는 국제도시', '세계의 수도' 등으로 불린다. 뉴욕 주와 자치구 브루클린, 퀸스, 맨해튼, 브롱크스, 스태튼아일랜드 등으로 나뉘어 있다.

면적 1만 214.4km², 인구 840만 5,837명, 광역인구 1,994만

| 뉴욕(New York)

9,502명, 인구밀도 1만 725.4명/km²이다. 800개가 넘는 언어가 사용되며, 세계에서 가장 다양한 언어가 공존하는 도시이다. 뉴욕은 미국에서 가장 인구가 많은 도시이며, 세계에서 가장 인구가 많은 대도시 중 하나이다.

상업, 금융, 미디어, 예술, 패션, 연구, 기술, 교육, 엔터테인먼트 등 많은 분야에 걸쳐 큰 영향을 끼치고 있으며, 세계의 문화 수도로 불리기도 한다.

뉴욕 항은 세계에서 가장 큰 자연 항구 가운데 하나이다.

엠파이어스테이트 빌딩, 록펠러센터, 크라이슬러 빌딩을 포함한 초고층 건물, 센트럴 파크를 포함한 공원, 브루클린 다리 등을 포함한 다리도 많이 있다. 경제 수도로도 불리는 뉴욕에는 월 가가 있으며 증권거래소도 있다. 맨해튼의 부동산 가격은 세계에서 가장 비싸다.

2001년 9월 11일 9·11 테러로 세계무역센터가 붕괴되어 3,000여 명이 목숨을 잃었다. 이 장소에는 원 월드 트레이드 센터(One World Trade Center), 기념관 등 새로운 건물들이 들어섰다.

맨해튼에는 차이나타운, 코리아타운 등이 있다. 코리아타운은 로스앤젤레스에 이어 2번째로 한국인이 많이 거주하는 지역이다. 그 뒤를 이어 필리핀, 일본, 베트남계로 구성되어 있다.

5,538채의 고층 빌딩이 있으며, 200m 이상의 고층 빌딩은 50채가 있다. 이 수는 미국 내에서 1위이며, 세계에서 홍콩에 이어 2위이다.

센트럴 파크는 미국에서 가장 방문객이 많은 도시 공원이다. 매년 3,000만 명이 방문한다. 공원에서 10km 이상 도로는 특히 자동차의 통행이 금지되는 주말 오후 7시 이후에는 조깅, 자전거, 인라인 스케이트 장소로 사용된다.

TV 산업은 뉴욕에서 발전하였으며, 뉴욕 경제에 중요한 요소이다. 4대 미국 방송 네트워크인 ABC, CBS, FOX, NBC 본부는 모두 뉴욕에 있다.

뉴욕 지하철은 역의 수 및 영업 거리에서 세계 최대이며, 지하철은 영업 역이 468개로 세계 최대의 지하철망이다. 연간 승객 수는 총 15억 명인데 이는 세계 3위이다. 대부분 도시에서 야간에 지하철이 폐쇄되지만, 뉴욕은 전 노선에서 24시간 영업하는 것이 특징이다.

버스 정류장의 수는 1만 2,507개로, 연간 총 7억 4,700만 명이 이용한다. 포트 오서리티 버스 터미널에는 하루에 7,000개의 버스가 발착하고 1일 20만 명의 통근 객이 이용하고 있다.

자전거 이용자도 많다. 하루에 자전거를 타는 사람은 12만 명이다.

## 영광과 번영의 도시 워싱턴 D.C

워싱턴(Washington) D.C는 1800년부터 미국의 수도로 영광과 번영을 누리고 있다. 면적 176km$^2$, 인구 70만 명 정도의 소규모 도시이지만, 미국의 수도인 동시에 세계의 수도 역할도 하고 있다.

워싱턴 D.C에는 미국의 행정, 입법, 사법부 등이 모두 집결되어 있다. 백악관, 펜타곤, 연방 의사당을 비롯하여 수많은 국가 기념물과 박물관이 모두 이곳에 있다. 시민 취업자 가운데 45% 정도가 연방 정부의 직원인 공무원들이다.

세계 174개국 대사관이 워싱턴에 있으며 세계은행, 국제통화기금, 아메리카 국가기구, 아메리칸 개발은행, 범아메리카 의료기구 본부, 무역협회, 로비 단체, 직능 단체 등 여러 기관의 본부도 이

| 워싱턴(Washington)

곳에 있다.

워싱턴 주변의 광역 도시에 거주하면서 연방정부를 비롯한 여러 가관 단체에 근무하는 직원들을 포함하면 워싱턴 인구는 400만 명 이상이 되는 셈이다.

메릴랜드 주와 버지니아 주 사이 포토맥 강 북쪽 유역에 자리잡고 있는 워싱턴 D.C의 정식 명칭은 컬럼비아 특별구이다. 미국의 어느 50개 주에도 속하지 않는 독립된 행정 구역이다.

비교적 좁은 지역이지만 막강한 정치적 영향력이 있는 세계도시이며, 금융 센터로서도 높은 중요성을 가진다. 수도로서의 기능을 완수할 수 있도록 디자인된 계획도시이다.

1790년에 조지 워싱턴 대통령이 이곳을 수도로 정하고, 프랑스의 피에르 랑팡을 초청하여 새 수도의 설계를 의뢰하였다.

도시의 이름은 미국 독립전쟁의 지도자이자 초대 대통령인 조지 워싱턴의 이름에서 따온 것이다.

워싱턴 기념탑(169.3m) 높이 이상으로 건축물을 건설하지 못하도록 하여, 뉴욕과 달리 초고층 건물이 드물다. 또한, 일반 제조업체가 거의 없다는 것이 특징이다.

연방 의사당을 중심으로 바둑판과 같은 도로망을 스트리트라고 하며, 백악관을 중심으로 하는 방사형 도로망은 애비뉴라고 한다.

도시 전체가 수도로 계획된 곳이라, 연방 의사당과 백악관을 연결하는 도로인 펜실베이니아가(街)에는 행정, 입법, 사법 등의 정부기관과 이에 관련된 의원회관, 의회도서관, 공문서 보관소, 연방수사국, 국세청, 워싱턴 기념탑, 국립미술관, 과학박물관, 역사기술박물관, 항공우주박물관 등 여러 기관이 즐비하게 들어서 있다.

워싱턴 북서쪽의 매사추세츠가(街)에는 전 세계 각국 대사관 등이 집중되어 있고, 무역, 교육, 과학, 노동 및 국가기관과 관련된 단체와 협회 본부 등이 있는데, 그 숫자는 무려 2,000개가 넘는다.

여기에 링컨 기념관, 토마스 제퍼슨 기념관, 조지타운대학교, 조지워싱턴대학교, 아메리칸대학교, 하워드대학교 등이 있다. 도심 서북부에는 국제선 중심의 델레스 국제공항, 국내선의 워싱턴 내셔널 공항 및 국립묘지, 무명용사의 묘 등이 있다.

# CHAPTER
## 08

# 세계의 대통령

LEADERSHIP

# 01 PART
# 트럼프의 위력

### 간결한 말에 환호

트럼프는 유권자들이 듣고 싶은 말, 국민들이 궁금해 하는 내용을 직설적으로 전달해 주는 능력이 뛰어났다. 대선 운동 기간 트위터에 직접 쓴 글은 무려 7,000가지가 넘었다. 이런 언어 표현은 매우 독특한 소통 방식으로 꼽힌다. "자유무역으로 일자리를 빼앗겼다.", "내가 꼭 일자리를 만들어준다.", "승산 없는 곳에서 헛수고한다.", "코리아는 좋은 우방이다." 등이 그런 예이다. 이런 짧은 단어, 간결한 말에 미국 사람들, 특히 백인 유권자들이 환호했다.

### '사기꾼' 험담한 톰니 포용

트럼프는 대선 때 '자기를 사기꾼'이라고 비난한 톰니와 저녁 식사를 하면서 이렇게 말했다. "사기꾼이라고 험담한 톰니를 끌어안고 가겠다. 이는 단합과 화합, 협조를 얻고자 하는 것이다. 갈등은 봉합되어야 한다. 더 나은 미래로 가기 위해서다. 의견은 다양하지만 결정권자는 한 사람이다. 특히 전쟁터에서 그렇다."

이에 톰니는 "그의 자신이 넘치는 표정, 승리하는 모습에 감동을 받았다. 깨우침이 있고 흥미롭고 기분 좋았다."라고 화답했다.

### '더 좋은 거래' 희망

트럼프는 대통령 당선자 시절 퇴임을 앞둔 오바마 대통령과 45분 동안 통화에서 "오바마 대통령의 쿠바 정책은 고립된 쿠바의 경제에는 도움을 주었지만, 미국이 얻은 것은 없다. 그러나 일방적인 거래는 있을 수 없지만, 쿠바에 관한 한 더 좋은 거래가 되어야 한다. 이것은 미국의 이익을 모색하는 것"이라고 말했다.

트럼프의 이런 생각에 대해 "쿠바뿐만 아니라 북한, 이란 등 적국의 변화를 위해 미국의 강한 힘을 동원하고 압박해야 한다. 특히 미국을 겨냥한 핵과 미사일 실험을 강행하겠다는 김정은 체제를 존속시켜서는 안 된다. 북한 핵 문제는 중국을 압박해 강경 대책을 강구할 것"이라고 밝혔다.

### 타이완 총통 통화에 중국 발끈

트럼프 대통령이 차이잉원 타이완 총통의 축하 전화를 받자 중국이 발끈했다. 트럼프는 타이완 총통으로부터 대통령 당선 축하 전화를 받고 10여 분 동안 통화하면서 "대선 승리를 축하해 주어 감사하다."라고 밝히고 "우리가 타이완에 군사 장비를 수십억 달러어치를 파는데 중국에서는 축하 전화도 받으면 안 된다고 하는 게 참 흥미롭다."라는 글을 트위터에 올렸다.

미국과 대만 정상의 통화는 1979년 단교 이후 37년 만이라 관심을 끌었다. 그러나 중국은 타이완에 앞서 트럼프에게 당선 축하 전화를 걸어 "중국은 위대하고 중요한 나라라는 말을 들었다."라면서 "미·중 수교 이후 '하나의 중국'을 지켜온 원칙이 흔들리는 것을 원하지 않는다."라고 반발했다.

## 뉴욕타임스는 '미국의 보석'

트럼프는 대선 기간 중에는 '앙숙'이었던 뉴욕타임스에 대해 "망해 가는 신문"이라고 악평을 했으나 대통령에 당선된 뒤에는 "미국의 위대한 보석"이라고 치켜세웠다. 그런 연유는 "뉴욕타임스에서 대선 기간 내내 날마다 비판적인 기사만 내보냈다. 나를 거칠게 대했다. 불공정했다. 화가 나서 안 보면 20년은 더 편안히 살 수 있을 것 같다고 생각했는데, 지금은 더 열심히 본다면서 내가 잘못하면 전화해 달라. 기쁘게 들을 것"이라고 말했다.

## 미국 사상 최초 '땡큐 투어'

트럼프는 오하이오, 펜실베이니아, 플로리다, 미시간 등 여러 지역을 돌면서 미국 대통령 대선 사상 유례없는 당선사례 '땡큐 투어'를 진행, 대선 때보다 더 열광적인 지지를 이끌어 냈다. 마치 록 콘서트 같은 분위기를 엮어냈다.

'땡큐 투어'를 통해 "지금은 우리의 꿈을 줄일 때가 아니다.", "미국을 더 위대하게!" 등을 외쳐 대선 때와 같이 강한 신념을 보여 주었다.

## '트럼프 대선 모자' 돌풍

2016년 크리스마스 시즌과 연말연시를 맞아 '트럼프 대선 모자'를 포함한 넥타이, 문구 등 '트럼프 장식품'으로 미국 대륙이 돌풍에 휩싸였다. 빨간 모자의 경우 대선 기간 트럼프의 트레이드마크이자 캐치프레이즈였던 '미국을 다시 위대하게!(Make America great again)'라는 흰 글을 새겨 더욱 선명한 크리스마스 장식품으로 인기를 끌었다.

대통령 당선자 선거 캠페인 문구를 상품화하는 것 자체가 한국에서는 상상도 못 할 일이지만, 미국에서도 물론 전례가 없었던 일이라 백악관 당국이 무척 당황하게 여겼다.

## 트럼프, 손정의와 어깨동무

트럼프는 대통령 당선자 시절에 일본 재계의 거물인 재일교포 3세 기업인인 손정의 소프트뱅크 사장의 예방을 받고 45분 동안 이야기를 나눈 뒤 뉴욕 트럼프 타워 로비로 나와 어깨동무를 하며 "손 마사는 가장 훌륭한 경영자 가운데 한 명이다. 손 마사가 미국에 500억 달러(약 58조 5,000억 원)를 투자하고 5만 개의 일자리를 창출하는데 기꺼이 동의하였다. 이는 내가 대통령에 당선됨으로써 이루어진 일"라고 말했다.

## '부동산 왕'의 저택

트럼프가 백악관으로 들어가기 전에 살았던 그의 뉴욕 자택은 맨해튼 5번가 트럼프 타워의 꼭대기 층인 66층부터 68층까지의 3개 층이다. 총 면적 2,800㎡(약 850평)에 1,100억 원대의 펜트하우스로 66층은 접견실과 스튜디오, 67층은 트럼프와 부인 멜라니아의 집무실, 직원들의 근무 공간, 68층은 가족들의 주거 공간이다. 트럼프 집무실은 프랑스 파리의 최대 궁전으로 유명한 베르사유 궁전을 닮은 것으로 알려졌다.

# 02 PART
## 성조기의 별 이야기

### 자랑스러운 50개의 흰 별

미국의 국기 성조기(星條旗)는 7개의 적색 줄무늬, 6개의 백색 줄무늬 바탕과 왼쪽 위편 사각형 안에 50개의 흰 별이 그려져 있다.

붉고 흰 줄 13개는 미국의 초기 연방국에 가입한 연방 주를, 50개의 별은 현재 총 연방 주의 수를 뜻한다.

1776년 독립선언을 한 뒤 미국을 상징하는 국기는 푸른색 바탕에 13개의 별들이 원을 이룬 것이었다. 이를 1년 뒤인 1777년 6월 14일 공식 채택하였다. 그 뒤에 별이 하나둘씩 늘어나자 1818년부터 독립기념일에 늘어나는 별을 추가하기로 결정하였다.

그리하여 49개로 늘어난 성조기를 1959년까지 사용하다가 1960년 7월 4일 하와이가 연방 주에 가입하면서 50개의 별을 담아 오늘에 이르고 있다. 지금의 국기는 27번째 개정된 것이다.

| 미국의 국기 성조기

　미국 국기는 13개의 줄과 50개의 별로 이루어져 있다 해서 흔히 'Stars and Stripes(성조기)'라고 일컫는다.

　전설처럼 전하는 말에 따르면 초기 성조기에 대해 초대 대통령 조지 워싱턴이 "별은 하늘에서 따오고, 적색은 영국의 색에서, 백색 줄은 영국으로부터의 분리 독립을 표시하였다."라고 풀이하였다고 한다.

　별이 그려진 사각형이 전방을 향해야 한다. 즉 깃대에 매달 때에는 사각형이 깃대 쪽에 오며, 사람의 가슴이나 자동차 등에 부착될 때에는 사각형의 별이 오른쪽 면으로 와야 한다.

　미국 국기 성조기의 변동은 독립 초기의 국기가 1776년 6월 14일부터 1795년 5월 1일 18년 동안 사용된 뒤부터 일어났다. 처음 13개 주는 노스캐롤라이나, 뉴욕, 뉴저지, 뉴햄프셔, 델라웨어, 로

드아일랜드, 매사추세츠, 메릴랜드, 버지니아, 사우스캐롤라이나, 조지아, 코네티컷, 펜실베이니아 주이다.

그 뒤에 버몬트, 켄터키 주가 추가되어 1795년 5월 1일부터 1818년 7월 3일까지 23년 동안 사용하고 루이지애나, 미시시피, 오하이오, 인디애나, 테네시 주 등 5개 주가 들어와 1818년 7월 4일부터 1년 동안 사용하였다.

일리노이 주가 1819년에 가입하고 메인, 앨라배마 주가 1820년 들어오고, 미주리 주가 1822년에 추가되어 1836년까지 14년 동안 변동이 없었다.

아칸소 주가 1836년 가입해 별은 25개로 늘어났고, 뒤에 미시간, 플로리다, 텍사스, 아이오와, 위스콘신, 캘리포니아, 미네소타, 오리건, 캔자스, 웨스트버지니아, 네바다, 네브래스카, 콜로라도 주가 차례로 들어와 별이 38개로 늘었다.

다시 노스다코타, 사우스다코타, 몬태나, 아이다호, 워싱턴 주가 들어와 1890년에는 별이 43개로 늘어났다. 와이오밍, 유타, 오클라호마 주가 2~3년 간격으로 추가되고, 뉴멕시코, 애리조나 주가 1912년 가입한 뒤 47년 동안 변동이 없었다.

그러다가 1959년 알래스카 주를 러시아로부터 매입하여 편입하고, 다음해에 태평양의 하와이 주가 추가되면서 국기의 별은 50개가 된 것이다.

## 동부 13개 주에서 50개 주로

미국의 경제는 2014년 기준 국내총생산이 16조 7,000억 달러로, 세계 1위 최대 경제 규모를 자랑한다. 그런 연유로 해서 세계 각국에서 수많은 이민자가 계속 들어와 세계에서도 손꼽히는 다문화 국가가 되었다.

미국의 원주민은 아메리카 인디언이다. 오늘날 미국 본토에서 오랜 세월 동안 살아왔으나 아메리카의 유럽 식민지화 이후 전쟁과 질병으로 급감하였다. 미국은 대서양 해안을 따라 늘어선 13개 식민지가 중심이 되어 건국된 국가이다.

이들 13개 주는 1775년 5월 식민 본국인 영국과 전쟁을 벌였는데 이를 미국 독립전쟁이라고 부른다. 영국과의 전쟁을 계속하는 가운데 1776년 7월 4일 마침내 독립선언서를 발표하면서 민족자결의 권리를 바탕으로 한 연맹체 국가의 성립을 선포하였다.

그 뒤 1783년까지 전쟁을 계속한 미국은, 파리조약을 통해 영국의 식민지 중에서 최초로 독립을 쟁취했다. 1787년 9월 17일 필라델피아 헌법회의에서 오늘날의 미합중국 헌법이 채택되었다. 다음 해에 비준되어 13개 주는 강력한 중앙정부를 둔 단일 공화국이 되었다.

1791년에 비준된 미국 권리장전은 10개의 수정 헌법으로 구성되어 있으며, 여러 기본적인 민권과 자유를 보장하고 있다.

처음 13개 주로 출발한 미국은 북아메리카 대륙 동부 지역에서 일어난 뒤 서부 지역 개척으로 이어지면서 영토가 넓어진 것이다.

19세기에 접어들 때까지 프랑스·스페인·영국·멕시코·러시아 등이 조금씩 가지고 있던 식민지 영토를 획득하고, 텍사스 공화국과 하와이 왕국을 병합하였다. 이 밖에도 태평양과 카리브 해로 영토를 넓혔다.

# 03 PART
## 각 주의 명칭 유래

### 특이한 이름들

미국 여러 주의 명칭은 그 어원도 무척 다양하고 특이하다. 전체 50개 주 가운데 24개 주의 이름은 토착 언어에서 따왔고, 22개 주는 라틴어, 영어, 프랑스어, 스페인어 등 유럽 언어에 그 바탕을 두고 있다.

여섯 주들은 그 어원에 대해 논란이 있었지만 분명하지 않다. 11개 주는 개인 이름에서 따온 것이다. 미국 대통령의 이름을 딴 주와 도시도 한 곳이 있다. 바로 미국의 수도 워싱턴과 미국 태평양 연안에 있는 주인데 초대 대통령의 이름을 붙인 것이다.

주의 이름 가운데 재미있는 몇 가지 사례는 이렇다.

네바다(Nevada) 주는 스페인어로 '눈 덮인 곳'이라는 단어에서 따온 것이고, 네브래스카(Nebraska)는 치웨레어의 '평평한 강'이라는 말에서 유래되었다.

노스다코타(North Dakota)는 라코타어의 '친구' 또는 '동맹'의 뜻이고, 노스캐롤라이나(North Carolina)는 라틴어의 잉글랜드 왕인 찰스에서 따온 명칭이다.

뉴멕시코(New Mexico)는 나후아틀어에서 인용한 이름인데, 본래 스페인어에서 유래된 말로 나후아틀어라는 근거를 찾기는 어려우나 멕틀리라는 신과 관계가 있는 말로 여기고 있다.

세계 최대의 도시가 있는 뉴욕(New York)이라는 단어는 영어 Duke of York, 요크 공작 작위에서 따온 말인데, 그는 뒤에 잉글랜드 왕 제임스 2세로 등극한 인물이다.

## 다양한 기념물과 문화유산

미국의 기념물은 미국 문화유산보호제도법에 따라서 미국 내무장관이 지정하는 역사적 유산을 말한다. 1960년 10월 9일에 92개의 기념물을 지정한 것으로 시작되어 현재는 약 2,500개의 역사 기념물이 지정되어 있다.

전체 기념물 가운데 절반 정도는 민간 소유이다. 미국 역사 기념물로 지정되면 미국 사적지로 등록이 된다. 미국 사적지에 등록된 사적지는 약 8만 곳에 이른다.

역사 기념물의 현황을 미국 각 주별로 보면 미국 역사 기념물이 가장 많이 지정된 주는 뉴욕 주로 262개에 이르며, 이어서 매사추세츠 주 185개, 펜실베이니아 주 163개, 캘리포니아 주가 137개, 버지니아 주 120개로 그 뒤를 잇고 있다.

도시별로 보면 뉴욕이 108개로 가장 많고, 워싱턴 D.C. 75개, 필라델피아 67개, 보스턴 56개가 지정되어 있다.

미국 역사 기념물 가운데 가장 인상적인 것은 세계 최대 도시 뉴욕에 있는 자유의 여신상과 미국 중북부 지역 사우스다코타 주에 있는 해발 1,745m 러슈모어 산 국립기념공원 바위 절벽에 새겨 놓은 대통령 조각상이다.

미국의 문화재로는 1978년 지정된 옐로우스톤 국립공원, 메사 베르데, 1979년 지정된 그랜드 캐니언, 독립기념관, 에버글레이즈 국립공원, 알래스카·캐나다 국경의 산악 공원군, 1980년에 지정된 레드우드 국립공원 등이 유명하다.

| 레드우드 국립공원

| 자유의 여신상

　1980년에는 올림픽 국립공원, 맘모스 동굴 국립공원, 1983년에는 그레이트스모키 산맥 국립공원, 푸에르토리코 소재 라 포탈레자 · 산후안 역사지구가 문화재로 등재되었고, 1983년에는 요세미티 국립공원, 자유의 여신상이 문화재로 지정되었다.

　1987년에는 몬티셀로, 버지니아대학교, 하와이 화산공원이, 1992년에는 푸에블로 데 타오스, 1995년에는 칼즈배드 캐번스 국립공원, 워터톤글래이서 국제 평화공원이 문화재로 올랐다.

# 04 PART
## 러슈모어의 대통령 얼굴

### 암벽에 새긴 4명의 대통령

자유의 여신상 다음으로 유명한 러슈모어 국립기념공원 대통령 조각상은 미국을 위대하게 만든 대통령 4명의 얼굴을 화강암 암벽에 조각해 놓은 것이다.

단순한 조각상이 아니라 화강암 절벽에 대통령 4명의 얼굴을 머리에서 턱밑까지 18m나 되는 큰 조각상으로 새겨 10km 거리에서도 보인다는 것이 특징이다.

미국 건국의 아버지로서 신생 독립국 미국이 나아가야 할 방향을 정확하게 밝혀준 조지 워싱턴 초대 대통령, 독립선언문을 기초하고 서부 지역을 개척하고 자유와 평등의 개념을 확립시킨 제3대 제퍼슨 대통령, 연방을 보호하여 미국의 분리를 막고 흑인을 해방시켜 정의와 관용을 미국 땅에 실현시킨 제16대 링컨 대통령, 사회정의를 실현하고자 혁신주의를 이끌고 미국을 세계적인 지도국가로 만든 제26대 시어도어 루스벨트 대통령이 바로 그들이다.

러슈모어 산의 조각은 1927년 10월 4일 시작하여 1941년 10월 31일 완성했다. 무려 15년이라는 세월이 걸렸다. 이 거대한 프로젝트가 기획되고 시작된 시기는 미국이 1920년대 풍요의 시대를 누리고 있을 때였다. 자유방임과 친기업 성향이 넘치는 시대에 당시 백악관 주인공은 제30대 캘빈 쿨리지 대통령이었다.

그는 "미국의 일은 기업이다!"라는 슬로건을 내걸고 나라를 다스렸다. 정부의 역할을 축소하고 검소, 근면, 노력한 만큼의 이익을 얻는 사회의 건설을 이상으로 여겼다.

이런 이상을 실현하는 데는 큰 정부나 정부 간섭이 필요하지 않았다. 작은 정부, 자유방임을 통해 이런 이상이 실현될 것이라 여겼고, 이것이 계속될 때 미국의 영광은 더 높아질 것으로 확신했다.

이런 분위기에서 도나 로빈슨과 거츤 바그럼 부자(父子)가 선구적인 인물로 등장해 러슈모어 프로젝트를 추진했다. 당초 예상은 몇 년 안에 완성하려고 했지만 1929년에 불어 닥친 대공황으로 이 프로젝트는 더 오래 걸렸다.

이렇다 할 성지(聖地)가 없는 미국에서 러슈모어 절벽에 네 명

| 러슈모어 산의 대통령 얼굴

의 대통령 얼굴을 새겨 놓자 수많은 관광객이 몰려들었다. 이곳은
1929년 미국 국정기념물로 지정되어 성지로 떠올랐다.

"어떻게 해서 그들은 이 깎아지른 절벽에 오를 수 있었을까?"

"여러 대통령 가운데 그들만이 이 산에 오를 수 있었던 이유는
무엇일까?"

그것은 그때까지의 대통령들 중에 워싱턴, 제퍼슨, 링컨, 루스
벨트는 미국 건국 정신에 충실하고 전통적인 미국의 가치를 실현
시킨 인물로 좁혔기 때문이다.

# 05 PART
## 드넓은 국토, 다민족 국가

### 세계의 인종 모두 모인 나라

미국은 지구상의 모든 인종과 민족이 뒤섞여 있는 세계 최대의 다민족 국가로 유명하다. 백인이 전체 인구의 75%, 흑인이 12%, 아시아계 4%, 원주민이 0.8% 순이다. 백인이 압도적으로 많으며 그중에서도 영국계, 독일계, 아일랜드계 등이 가장 많다.

미국 발전의 역사에서 그 중심은 영국인이었다. 그래서 미국에서는 영어가 국어이자 일상어이다. 다만, 미국에서 사용하는 영어는 흔히 미국 영어라고 하는데 영국 영어와는 어휘나 문법 등에서 많은 차이를 보인다.

미국은 면적 982만 6,675km², 인구 3억 2,400만 명의 다인종 국가이다. 지구촌 나라 중에 국토 면적으로는 러시아, 캐나다, 중국 다음으로 넓은 나라이다.

대서양의 해안 평원에서 내륙으로 가면 피드먼트의 낙엽수 삼림과 구릉지로 이어진다. 애팔래치아 산맥은 동부 연안과 오대호, 중서부를 가른다.

세계에서 네 번째, 미국서는 최대로 긴 강줄기인 6,210km 미시시피 강이 중부를 흘러내리고, 북아메리카 최대 강줄기인 3,980km의 미주리 강은 국토의 심장부를 남북으로 가로지른다.

평평하고 비옥한 대초원을 이루는 대평원은 남동부의 고원 지역까지 서쪽으로 뻗어 있다.

대평원 서쪽 끝에 있는 로키 산맥은 국토를 남북으로 가로지르며, 콜로라도에서는 해발 4,300m까지 높아진다. 더 서쪽으로 가면 로키 산맥의 대분지 그레이트베이슨과 모하비 사막 등 사막이 나온다.

시에라네바다 산맥과 캐스케이드 산맥은 태평양 연안과 가까이 뻗어 있다. 알래스카에 있는 해발 6,194m의 매킨리 산은 미국과 북아메리카 전체에서 가장 높은 산이다.

알래스카의 알렉산더 제도나 알류샨 제도, 하와이의 화산 등 활화산도 흔하다. 로키 산맥 옐로스톤 국립공원 밑에 있는 초화산은 북아메리카 대륙에서 가장 큰 화산체이다.

미국은 드넓은 영토에 다양한 지리 환경을 지닌 나라이다. 4계절이 항상 존재한다. 플로리다 남쪽 끝 지역은 하와이처럼 열대

기후이고, 서쪽의 대평원 지역은 반 건조 기후이며, 서부 산맥 지역은 고산 기후를 나타낸다.

남서부의 사막과 대분지의 기후는 건조하며, 캘리포니아 해안은 지중해성 기후가 나타나고, 오리건과 워싱턴 주는 서안 해양성 기후를 보인다.

미국 50개 주 가운데 가장 넓은 알래스카 주(159만 3,000km²)는 대부분이 한대지방이며 해발 6,194m의 매킨리 산은 빙하로 덮여 있다. 북아메리카 대륙 북서쪽 반도로 본래 러시아 영토였는데, 영국에게 빼앗길 위기에서 1867년 미국에 팔았다. 그때 가격은 720만 달러, 헐값에 그냥 얻은 셈이다.

미국은 최다 생물 다양성 국가로 꼽는다. 미국 본토와 알래스카에는 관다발식물 1만 7,000여 종, 하와이에는 속씨식물 1,800종이 있고, 전국에 포유류 400종, 조류 750종, 파충류 및 양서류 500종, 곤충 9만 1,000종 이상이 서식하는 나라이다.

CHAPTER

# 09

# 부록

LEADERSHIP

# 01 PART
## 역대 대통령의 진기록

## 왕위를 거절한 대통령

▶ 조지 워싱턴(1789~1797년, 초대)

1782년 5월, 식민지 대륙 군의 총사령관으로 독립운동을 주도할 때 아메리카의 왕위에 오르라는 부탁을 거절하고 대통령제를 선택하여 아메리카합중국의 초석을 세우고 초대 대통령에 취임하였다. 워싱턴은 초대 대통령을 종신으로 하자는 권유를 뿌리치고 재선 뒤 퇴임함으로써 장기 집권에 따른 독재의 출현을 막는 선례를 남겼다.

## 최장기간 재임 대통령

▶ 프랭클린 D. 루스벨트(1933~1945년, 32대, 민주당)

프랭클린 D. 루스벨트는 미국의 세계 대공황 시절 경제 위기에서 미국을 구해낸 대통령으로서, 1933년 3월 4일 취임식 이후 1945년 4월 12일 뇌출혈로 사망할 때까지 무려 12년 1개월 8일간 집권했으며, 미국에서 유일하게 4선까지 성공한 대통령이다.

## 최단기간 재임 대통령

▶ 윌리엄 H. 해리슨(1841년, 9대, 휘그당)

윌리엄 H. 해리슨은 장군 출신 대통령으로, 비 오는 날 거행된 취임식에서 무리한 탓에 급성 폐렴에 전염되어 서거하여 1841년 3월 4일 취임식 이후 불과 31일 동안 집권했다.

## 최장신 및 최단신 대통령

▶ 최장신 : 에이브러햄 링컨(1861~1865년, 16대, 공화당), 키 193cm

▶ 최단신 : 제임스 매디슨(1809~1817년, 4대, 민주-공화당), 키 162.5cm

## 최고 뚱뚱했던 대통령

▶ 윌리엄 H. 태프트(1909~1913년, 27대, 공화당), 체중 175kg

## 최연소 대통령

▶ 시어도어 루스벨트(1901~1909년, 26대, 공화당), 취임 당시 42세

 * 최연소 대통령은 존 F. 케네디(1961~1963년, 35대, 민주당)로 알려졌으나 43세에 취임했다.

## 퇴임했다가 다시 당선된 대통령

▶ 그로버 클리블랜드(1차 : 1885~1889년 22대, 2차 : 1893~1897년 24대, 민주당)

## 혈연관계 대통령들

▶ 첫 번째 부자(父子) 대통령

존 애덤스(1797~1801년, 2대, 연방주의자당)와 아들 존 Q. 애덤스(1825~1829년, 6대, 민주-공화당), 첫 번째 아버지와 아들 대통령

▶ 두 번째 부자(父子) 대통령

조지 W. H. 부시(1989~1993년, 41대, 공화당)와 아들 조지 W. 부시(2001~2009년, 43대, 공화당), 두 번째 아버지와 아들 대통령

▶ 조손(祖孫) 대통령

윌리엄 H. 해리슨(1841년, 9대, 휘그당)과 손자 벤저민 해리슨(1889~1893년, 23대, 공화당), 할아버지와 손자 대통령

▶ 숙질(叔姪) 대통령

시어도어 루스벨트(1901~1909, 26대, 공화당)와 조카 프랭클린 D. 루스벨트(1933~1945년, 32대, 민주당), 당숙과 조카 대통령

## 최다 표 차이로 당선된 대통령

▶ 리처드 M. 닉슨(1969~1974년, 37대, 공화당)

1972년 대선에서 리처드 M. 닉슨은 민주당 후보 조지 S. 맥거번을 상대로 520 대 17표 차이로 재선에 성공했다. 그러나 취임 후 워터게이트 사건으로 불과 2년 뒤에 사퇴하였다.

## 최소 표 차이로 당선된 대통령

▶ 총 득표수 기준 : 존 F. 케네디(1961~1963년, 35대, 민주당)

가장 치열한 대선이었다는 평가를 받은 1960년 대선에서 존 F. 케네디는 리처

드 M. 닉슨을 상대로 불과 12만여 표 차이로 따돌리고 당선되었다. 최소 표 차이 기록은 1880년 선거에서 제임스 A. 가필드(1881년, 20대, 공화당)가 윈필드 S. 핸콕을 2,000여 표 차이로 이긴 것인데, 이때 투표자 수가 적었음을 감안하여 1960년 대선이 더욱 치열한 선거로 기록되었다.

▶ 선거인단 기준 : 토마스 제퍼슨(1801~1809년, 3대, 민주공화당)

1800년 선거에서 그는 무소속 출신의 아론 버 후보와 선거인단 수에서 73표로 동점을 기록하여, 사상 처음으로 하원 투표를 통해 대통령으로 당선되었다.

## ◆ 기타 특이한 기록의 대통령

1826년 7월 4일, 미국이 독립한 지 50년이 되던 날, 존 애덤스(1797~1801년, 2대, 연방주의자당)와 토마스 제퍼슨(1801~1809년, 3대, 민주공화당)은 몇 시간 차이로 같은 날에 사망했다. 또 제임스 먼로(1817~1825년, 5대, 민주공화당) 역시 1831년 7월 4일 사망했다.

▶ 캘빈 쿨리지(1923~1929년, 30대, 공화당)

1872년 7월 4일 독립기념일에 태어났다.

▶ 존 타일러(1841~1845년, 10대, 휘그당)

여당인 휘그당과의 마찰로 당에서 제명하면서 조지 워싱턴(1789~1797년, 1대, 무소속) 이래 처음으로 무소속 대통령이 되었다.

▶ 율리시스 S. 그랜트(1869~1877년, 18대, 공화당)

퇴임 이후 친구의 빚보증을 잘못 섰다가 사기를 당해 알거지가 되었다.

▶ 마틴 밴 뷰런(1837~1841년, 8대, 민주당)부터 제임스 뷰캐넌(1857~1861년, 15대, 민주당)까지 8명의 대통령이 연속으로 모두 재선에 실패한 기록을 세웠다.

▶ 윌리엄 매킨리(1897~1901년, 25대, 공화당)

남북전쟁 당시 러더퍼드 B. 헤이스(1877~1881년, 19대, 공화당) 당시 육군 대령의 부관으로 종군하였다.

# 02 PART
## 미국의 애국가

'별이 빛나는 깃발'

트럼프 대통령이 평소 가장 중요하게 역설하는 것이 애국심이다. 그는 대통령 당선 소감은 물론 취임 준비 중에서도 애국심의 중요성을 강조하였다. 그리고 학생 시절부터 주요 국가적 행사 때에 애국가를 4절까지 불렀고 국기인 성조기를 무척 소중하게 여겨 왔다.

미국의 애국가는 1814년 9월 17일에 발표한 가사 '별이 빛나는 깃발'에서 비롯된 것이다. 이를 미국 해군 군악대가 연주하고 녹음하여 애국가로 삼은 것이다.

1953년 미국 해병대 군악대가 연주한 것을 녹음한 Fred Waring과 펜실베이니아 사람들이 1942년에 부른 노래도 있고, 우드로 윌슨의 딸 마가렛 우드로 윌슨이 1915년에 불렀다는 노래도 있다.

'별이 빛나는 깃발'은 성조기(星條旗), 곧 미국의 국기이자 애국가이기도 하다. 작사는 법률가이자 시인이었던 프랜시스 스콧 키(Francis Scott Key)가 하였고, 작곡은 존 스태퍼드 스미스(John Stafford Smith)가 하였다. 본래 영국에서 술을 마실 때 부르는 '천국의 아나크레온에게'라는 노래였다고 전한다.

이 노래는 오늘날에는 주로 각종 스포츠 경기나 미국 연방정부가 주관하는 행사에서 초청받은 유명한 가수가 독창으로 열창하는 경우가 많다.

1931년 이전에는 독일어의 '컬럼비아 만세' 등이 국가로 쓰이기도 했다.

맥헨리 요새에서의 전투를 읊은 그림 프랜시스 스콧 키의 시는 그 후 '맥헨리 요새의 방어'라는 제목으로 처음 출판되었고, 그해에 이 노래가 낱장 악보로 다시 출판되면서 제목도 바뀌었다.

이 곡은 1889년에 해군으로부터 인정을 받았고, 1916년에 백악관으로부터 인정받았으며, 1931년 당시 미국 제31대 대통령 후버의 요청으로 공식 국가로 인정되었다.

프랜시스 스콧 키가 쓴 '별이 빛나는 깃발' 시를 미국 해군 출신인 존 필립 수자(John phillp Sousa)라는 사람이 같은 뜻의 노래를 행진곡으로 바꾸었는데 이 또한 명곡으로 유명하다.

그러나 현재 미국 애국가에 대한 국민의 지지도는 30%가 되지 않는다. 그런 이유는 4절까지 되는 긴 곡인데다가 어려운 박자가 많아 외우기도 힘들다는 이유 때문이다.

 ## 4절로 된 미국 애국가의 1절

〈1절〉
오, 그대는 보이는가, 이른 새벽 여명 사이로
어제 황혼의 미광 속에서 우리가 그토록 자랑스럽게 환호했던,
넓적한 띠와 빛나는 별들이 새겨진 저 깃발이,
치열한 전투 중에서도 우리가 사수한 성벽 위에서
당당히 나부끼고 있는 것이.
포탄의 붉은 섬광과 창공에서 작렬하는 폭탄이
밤새 우리의 깃발이 휘날린 증거라.
오, 성조기는 지금도 휘날리고 있는가
자유의 땅과 용자들의 고향에서!

# 03 PART
## 미국의 역대 대통령 명단

| 대 | 이름 | | 취임 | 퇴임 | 정당 |
|---|---|---|---|---|---|
| 1 | 조지 워싱턴 | 재선 | 1789 | 1797 | 무소속 |
| 2 | 존 애덤스(父) | 초선 | 1797 | 1801 | 연방 |
| 3 | 토마스 제퍼슨 | 재선 | 1801 | 1809 | 공화 |
| 4 | 제임스 매디슨 | 재 | 1809 | 1817 | 공화 |
| 5 | 제임스 먼로 | 재 | 1817 | 1825 | 공화 |
| 6 | 존 퀸시 애덤스(子) | 초 | 1825 | 1829 | 공화 |
| 7 | 앤드루 잭슨 | 재 | 1829 | 1837 | 민주 |
| 8 | 마틴 뷰런 | 초 | 1837 | 1841 | 민주 |
| 9 | 윌리엄 해리슨(급서거) | 초 | 1841 | 1841 | 휘그 |
| 10 | 존 타일러 | 초 | 1841 | 1845 | 휘그 |
| 11 | 제임스 포크 | 초 | 1845 | 1849 | 민주 |
| 12 | 재커리 테일러 | 초 | 1849 | 1850 | 휘그 |
| 13 | 밀러드 필모어 | 초 | 1850 | 1853 | 휘그 |
| 14 | 프랭클린 피어스 | 초 | 1853 | 1857 | 민주 |
| 15 | 제임스 뷰캐넌 | 초 | 1857 | 1861 | 민주 |
| 16 | 에어브러햄 링컨(암살) | 재 | 1861 | 1865 | 공화 |

| 대 | 이름 | | 취임 | 퇴임 | 정당 |
|---|---|---|---|---|---|
| 17 | 앤드루 존슨 | 초 | 1865 | 1869 | 민주 |
| 18 | 율리시드 그랜트 | 재 | 1869 | 1877 | 공화 |
| 19 | 러더퍼드 헤이스 | 초 | 1877 | 1881 | 공화 |
| 20 | 제임스 가필드(암살) | 초 | 1881 | 1881 | 공화 |
| 21 | 체스타 아서 | 초 | 1881 | 1885 | 공화 |
| 22 | 그로버 클리블랜드 | 1차 | 1885 | 1889 | 민주 |
| 23 | 벤저민 해리스 | 초 | 1889 | 1893 | 공화 |
| 24 | 그로버 클리블랜드 | 2차 | 1893 | 1897 | 민주 |
| 25 | 윌리엄 매킨리(암살) | 재 | 1897 | 1901 | 공화 |
| 26 | 시이도어 루즈벨트 | 재 | 1901 | 1909 | 공화 |
| 27 | 윌리엄 태프트 | 초 | 1909 | 1913 | 공화 |
| 28 | 우드로 윌슨 | 재 | 1913 | 1921 | 민주 |
| 29 | 워렌 하딩 | 초 | 1921 | 1923 | 공화 |
| 30 | 캘빈 쿨리지 | 재 | 1923 | 1929 | 공화 |
| 31 | 허버트 후버 | 초 | 1929 | 1933 | 공화 |
| 32 | 프랭클린 루스벨트 | 4선 | 1933 | 1945 | 민주 |
| 33 | 해리 트루먼 | 재 | 1945 | 1953 | 민주 |
| 34 | 드와이트 아이젠하워 | 재 | 1953 | 1961 | 공화 |
| 35 | 존 F. 케네디(암살) | 초 | 1961 | 1963 | 민주 |
| 36 | 린든 존슨 | 재 | 1963 | 1969 | 민주 |
| 37 | 리처드 닉슨 | 재 | 1969 | 1974 | 공화 |
| 38 | 제럴드 포드 | 초 | 1974 | 1977 | 공화 |
| 39 | 제임스 지미 카터 | 초 | 1977 | 1981 | 민주 |
| 40 | 로널드 레이건 | 재 | 1981 | 1989 | 공화 |
| 41 | 조지 H.W. 부시(父) | 초 | 1989 | 1993 | 공화 |
| 42 | 윌리엄 빌 클린턴 | 재 | 1993 | 2001 | 민주 |
| 43 | 조지 W. 부시(子) | 재 | 2001 | 2009 | 공화 |
| 44 | 버락 오바마 | 재 | 2009 | 2017 | 민주 |
| 45 | 도널드 존 트럼프 | 초 | 2017 | 현재 | 공화 |

이미지 출처

https://namu.wiki/w/%EB%8F%84%EB%84%90%EB%93%9C%20%ED%8A%B8%EB%9F%BC%ED%94%84

http://www.fashionseoul.com/?p=126827

http://www.oeker.net/m/bbs/board.php?bo_table=Hollywood&wr_id=4828546&sca=&sfl=&stx=&sop=and&page=20

http://www.sisabiz.com/biz/article/160336

http://japandaily.co.kr/?p=2140

https://namu.wiki/w/%EC%9D%B4%EB%B0%98%EC%B9%B4%20%ED%8A%B8%EB%9F%BC%ED%94%84

http://www.huffingtonpost.com/entry/balloons-lockdown-white-house_us_57420675e4b0613b512a8e91

https://en.wikipedia.org/wiki/George_Washington

http://media3.s-nbcnews.com/j/newscms/2015_32/721166/trump-hillary-bill-clinton-today-150807_460ba7dfbcabbf6b9cd94249a410f990.today-inline-large.jpg

http://www.thedailybeast.com/articles/2013/11/19/how-abraham-lincoln-wrote-the-gettysburg-address.html

https://www.haikudeck.com/franklin-delano-roosevelt-memorial-uncategorized-presentation-WVUFbEnhJg

http://nypost.com/2016/05/22/gunman-shot-outside-white-house-wanted-to-die-report/

http://www.newyorker.com/humor/daily-shouts/goodbye-new-york

https://commons.wikimedia.org/wiki/File:Trump_Tower_(7181836700).jpg

https://namu.wiki/w/%EC%A1%B0%EC%A7%80%20W.%20%EB%B6%80%EC%8B%9C

http://muzul.com/ko/style/al-gore/

http://www.newyorker.com/wp-content/uploads/2016/09/First-Debate-03-1200.jpg

https://pmcvariety.files.wordpress.com/2016/10/hillary-clinton-donald-trump.jpg?w=670&h=377&crop=1

http://vignette4.wikia.nocookie.net/cinemorgue/images/1/10/WHD.jpg/revision/latest?cb=20160115212320

http://cdn.travelfreak.net/wp-content/uploads/2016/10/redwood-national-park.jpg

http://www.rd.com/wp-content/uploads/sites/2/2016/01/01-statue-of-liberty-facts.jpg

http://www.msnbc.com/sites/msnbc/files/styles/ratio--3-2--770x513/public/mp-trumpstatenisland194.jpg?itok=katqjEaY

http://media3.s-nbcnews.com/j/newscms/2016_20/1541946/160518-trump-portrait-jsw-145p_1c226e6636be4572928409c157f0d50a.nbcnews-ux-2880-1000.jpg

https://timedotcom.files.wordpress.com/2016/11/president-elect-donald-trump-transition.jpg?quality=85&w=840

제45대 미국 대통령

# 트럼프 리더십

초판 1쇄 인쇄      2017년 1월 10일
초판 1쇄 발행      2017년 1월 16일

지은이 | 유한준
펴낸이 | 박정태
편집이사 | 이명수          감수교정 | 정하경
책임편집 | 조유민          편집부 | 김동서, 위가연
마케팅 | 조화묵, 박명준, 최지성    온라인마케팅 | 박용대
경영지원 | 최윤숙

펴낸곳        BOOK★STAR
출판등록      2006. 9. 8. 제 313-2006-000198 호
주소          파주시 파주출판문화도시 광인사길 161
              광문각 B/D 4F
전화          031)955-8787
팩스          031)955-3730
E-mail        kwangmk7@hanmail.net
홈페이지      www.kwangmoonkag.co.kr

ISBN          978-89-97383-94-8    44040
              978-89-966204-7-1    (세트)
가격          12,000원